Regina Eickmann

Hawk, wir müssen reden

Ein Seelen-Dialog

© 2017 tao.de in J. Kamphausen Mediengruppe GmbH, Bielefeld

Autor: Regina Eickmann

Printed in Germany

Verlag: J. Kamphausen Mediengruppe GmbH, Bielefeld · www.tao.de

Bibliographische Information der Deutschen Nationalbibliothek: Die Deutsche Nationalbibliothek verzeichnet diese Publikation in der Deutschen Nationalbibliographie; detaillierte bibliographische Daten sind im Internet über http://dnb.de abrufbar.

ISBN
Hardcover: 978-3-96051-818-1
e-Book: 978-3-96051-855-6

Das Werk, einschließlich seiner Teile, ist urheberrechtlich geschützt. Jede Verwertung ist ohne Zustimmung des Verlages und des Autors unzulässig. Dies gilt insbesondere für die elektronische oder sonstige Vervielfältigung, Übersetzung, Verbreitung und öffentliche Zugänglichmachung.

Inhalt:

Traum oder Vision? - S.7

Hawk, wir müssen reden! - S.14

Wer spricht da in meinem Inneren zu mir? - S.21

Meinen Weg finden - S.31

Erlöste Emotionen - S.43

Liese - S.48

Karma - S.58

Der Sinn des Lebens - S.64

Ein glückliches Leben - S.74

Noch einmal: Die Suche nach dem Glück - S.89

Liebe und Partnerschaft - S. 96

Alltag - S. 109

Verlust - S.117

Warum wählen wir ein Leben auf dieser Erde? - S. 126

Widerspruch: Gegenwartsbewusstsein und Zukunftsvisionen? - S.134

Es ist nicht leicht, Mensch zu sein - S.143

Leben und Tod - S.155

Opfer und Täter - S.165

Engel, Geistführer, Verstorbene und andere paranormale Phänomene - S. 176

Die Macht der Gedanken - S.198

Ein Lebensziel haben - S.211

Die Energie des Lebens - S. 219

Verbindung mit dem Seelen-Selbst - S. 237

Das Wesen des Ego-Selbst - S. 245

Eine Wahl treffen - S.258

Erwachen - S.263

Synchronisation und Wunder - S.270

Krankheit - S. 274

Die Prägungen der Kindheit - S.285

Der Weg heraus - S.296

Unfälle und Verletzungen - S.308

Emotionale Prägungen - S.313

Warum werden Kinder schon mit Erkrankungen geboren? - S. 327

Immer noch alte Muster - S.334

Prolog

Traum oder Vision?

Dunkelheit umgab mich - eine Dunkelheit die nirgends zu enden schien. Mutlosigkeit krallte sich in mein Herz, das wild pochte und ein schmerzhaftes Dröhnen in meinem Kopf verursachte - so laut, dass jede Zelle meines Körpers davon betroffen schien. Krampfhaft versuchte ich mich zu orientieren, doch nirgends fand sich ein Weg der mich herausführte.

Wie aus weiter Ferne hörte ich mein Ringen nach Sauerstoff- stoßweise, keuchend - als wäre nicht genug da. Zugleich nahm ich mich innerhalb und außerhalb meines Körpers wahr. Beide Seinsweisen verschafften keine Linderung der Panik, die in mir hoch stieg, wie zäher, klebriger Schleim, der alles Lebendige in sich begrub ...

Plötzlich wurde mein Blick von den irisierenden Augen eines Wolfes gefesselt. Hoch aufgerichtet, umgeben von einer hellen Aura, stand er vor mir - ruhig, voll intensiver Präsenz. Grausilbernes Fell spannte sich über einem muskulösen Körper, ein Geruch von Wildheit und Kraft umgab ihn.

Augenblicklich beruhigte sich mein aufgewühlter Geist. Mein erstaunter Blick fand sein Zentrum in den Wolfsaugen, die unnatürlich zu leuchten schienen. Was ich darin sah, hatte jedoch nichts Beängstigendes an sich. Im Gegenteil, ich spürte tief in mir ein Gefühl der Geborgenheit, des Vertrauens.

Folge mir! vernahm ich in einem Teil meiner Selbst.

Als wäre es die normalste Sache der Welt, gehorchte ich. Wolf schaute nach mir, sich vergewissernd, ob ich ihm folgte. Er schien jeden meiner Schritte vorher bedacht zu haben, auf einer Fährte ohne Hindernisse, heraus aus den beklemmenden Schatten von Angst und Selbstzweifeln. Sein Leuchten führte mich...

Das Dunkel um mich herum machte ganz plötzlich einem Panorama von atemberaubender Schönheit Platz. Unter einem rotgoldenen Himmel öffnete sich eine weiträumige Berglandschaft, in braun- und ockerfarbenen Schattierungen, deren Ende sich am Horizont verlor.

Wolf blieb augenblicklich stehen, wies mich an dies ebenfalls zu tun. Unmittelbar darauf vernahm ich in meinem Kopf: Geh zu ihm. Er wartet auf dich!

Ich folgte seiner Blickrichtung. Auf dem vor uns liegenden Plateau nahm ich - noch schemenhaft - ein menschliches Wesen wahr. Unbeweglich, fast statuenhaft, eingehüllt in eine grob gewebte Decke stand es da. Wolf glitt leichtfüßig zu ihm. Eine Hand löste sich aus dem Wollstoff, streichelte dem Tier sanft über den Kopf.

Hat sie sich deiner Führung anvertraut? vernahm ich eine tiefe melodische Stimme. Sie ließ mich auf einen Mann schließen.

Augenblicklich war Wolf verschwunden. Langsam, mit klopfenden Herzen führten mich meine behutsam gesetzten Schritte an den Rand des Plateaus, wohin ich mit einer Geste gebeten wurde.

Ihm zugewandt, verlor ich mich in den gütigen Augen eines alten Mannes. Tiefe Falten durchzogen ein freundliches Gesicht. Sein weißes Haar wurde in Zöpfen zusammengehalten. In einen einfachen groben Stoff gehüllt, die Decke um breite Schultern liegend, stand der Alte hoch aufgerichtet an diesem zugigen Ort.

In seinen Bann zogen mich jedoch die weisen Augen, sie schienen alles zu wissen über das Leben...

Wer bist du? hörte ich mich fragen.

Schau! forderte mich der Alte auf. Er deutete auf die Weite des Horizontes, wo mein Blick an den Schwingen eines Falken hängen blieb. Dieser schwebte majestätisch kreisend über den Bergtälern, schien uns, gleichzeitig aber auch die gesamte Umgebung, zu beobachten.

Je länger ich das Gleiten des Falken beobachtete, desto mehr erlebte ich mich als Teil dieses Vogels. Wieder einmal schien ich gleichzeitig innerhalb und außerhalb meines Körpers wahrzunehmen...

Ich habe dich gerufen!

Diese Worte durchbrachen den Zauber. Ich fand mich in meinem Körper wieder - auf dem

Plateau, neben dem Alten. Noch einmal richtete ich meine Frage an ihn: Wer bist du?

Du kennst mich!

Ich habe dich nie vorher gesehen.

Du und ich sind Eins!

Das verstehe ich nicht.

Geh nach innen. Was nimmst du dort wahr?

Ich weiß nicht. Da ist eine Vertrautheit, eine Verbundenheit - so würde ich das ausdrücken.

Gut!

Gut? Ich weiß noch immer nicht, wer du bist.

Ich bin Hawk - Falke!

Deshalb sind wir hier, wo dieser Falke kreist?

Er und ich sind Eins!

Und Wolf, was hat es mit ihm auf sich?

Es ist eine Wölfin. Du hast ihren Ruf gehört und bist ihrer Fährte gefolgt!

Ich habe sie gerufen? Daran kann ich mich nicht erinnern!

Du hattest Angst und Angst ist kein guter Ratgeber, doch der Teil deines Wesens, welches Klarheit besitzt, hat dich zu mir geführt.

Die Wölfin hatte die Aufgabe, mich zu dir zu führen?

Genauso.

Aber ich habe sie nicht gerufen.

Und doch hat sie dich gehört!

Das verstehe ich nicht.

Es wird dich vieles zunächst noch verwirren. Du hast auch mich gerufen um Klarheit zu erlangen. Nun bin ich da!

Aber wer bist du, Hawk?

Ich bin *Ausdruck deiner Seele*, die zu dir spricht.

Meine Seele spricht in Form eines Indianers zu mir? Warum?

Es sind die Bilder *deines erweiterten Bewusstseins*, die mich so erscheinen lassen.

Hawk, das verstehe ich nicht.

Mit dem Verstand kannst du dies nicht erfassen. Gehe in dein Herz. Dort begegnest du ....

Die letzten Worte verloren sich im Wind.

Mit klopfendem Herzen wurde ich wach. Es versetzte mich in Erstaunen, mich in meinem Bett wieder zu finden. Die Bilder meines Traumes schienen der Realität mehr zu entsprechen, als mein verschwitztes Bettzeug. Mühsam fand ich in die gewohnten Rituale des Alltags.

Hawk, wir müssen reden!

Irgendwann im Laufe der nächsten Wochen hielt ich inne - ganz deutlich konnte ich die Präsenz von Hawk wahrnehmen...

Hawk, wir müssen reden!

Das ist gut! Reden wir, Regina.

Warum bist du da?

Du hast mich gerufen!

Dann war das nicht nur ein Traum?

Sollten Träume weniger real sein als das, was du `reales Leben` nennst?

Ich denke schon.

Nun, wie war dein Empfinden in diesem Traum?

Alles schien pure Realität, mit allem Drum und Dran: Gefühle verbunden mit körperlichen Reaktionen, Bilder, Geräusche und Düfte. Es war in der Tat so, als würde ich das wirklich erleben!

Könnte es sein, dass Träume ebenfalls real sind?

Bestimmt nicht alle, aber jetzt, wo du hier bist, schließe ich das nicht mehr aus!

Gut!

Warum bist du über einen Traum zu mir gekommen?

Träume sind *ungefilterte Botschaften deines inneren Wesens*, ohne den Einfluss und die Wertung deines Verstandes.

Aber zu wem spreche ich denn nun?

Du kennst mich!

Ich weiß, das hast du bereits im Traum zu mir gesagt. Du bist Ausdruck meiner Seele!? Schon als Kind hörte ich den Begriff Seele. Was genau ist eine Seele?

Das, was du als *Seele* bezeichnest, *ist die göttliche Essenz in dir*, über die sich die Schöpfung ausdrückt. Seele ist Teil dieser Unermesslichkeit und Eins mit ihr.

Wie das Bild des einzelnen Tropfens als Teil des Ozeans?

So ist es.

Kannst du dazu noch mehr sagen?

Seele ist die Quelle deines Seins, die Instanz die weiß, die Instanz vor der Person.

...das was ich bin, bevor ich als Mensch geboren wurde?

Das, was du *jetzt bist, immer warst und sein wirst.*

Hawk, das verstehe ich nicht.

Über den Verstand ist dies nicht erfahrbar. Seele ist *das allumfassende Sein, das du bist*, nicht die Person, nicht dieses Ich, das sich Regina nennt.

Ich habe gelernt, dass mein Körper der Tempel meiner Seele sei.

Deine Seele umfasst deine gesamte *universelle Präsenz*. Dieses *IchBin, dein göttliches Selbst,* geht aus ihr, der Seele hervor. Sie stellt den großen Raum da, aus dem Schöpfung hervorgeht und wieder darin aufgenommen wird.

Wo genau befindet sich meine Seele, Hawk?

Aus deiner linear begrenzten menschlichen Sicht erwartest du einen Ort, jedoch ist deine göttliche Wesensnatur eher als ein Zustand zu bezeichnen.

Jetzt, wo du hier bist, bin ich da in einer Art Seelenzustand?

Im Moment bist du in Verbindung mit deiner Seele, da du in der *Frequenz deiner göttlichen Wesensnatur* schwingst.

Das heißt meine Seele ist hier bei mir?

Deine Seele ist immer Teil deines menschlichen Seins. Das, was du als Seelenzustand bezeichnest, ist die Resonanz auf dein göttliche Wesen, welches sich nicht inkarniert hat.

Der nichtinkarnierte Seelenaspekt bist du, Hawk?

...als eine Ausdrucksform deiner Seele.

Das heißt, es gibt zwei Teile meiner Seele?

Ein Teil deiner Seelenenergie ist in deinen menschlichen Körper eingebunden. Es ist *das Göttliche in dir* und es verbindet dich mit dem Teil deiner Seele, welches verbunden ist mit der Quelle der Schöpfung.

Deshalb sagst du: Seele ist Teil der Schöpfung und Eins mit ihr?

So ist es. Da gibt es keine Trennung. Deine Seele ist ein Schöpfungsaspekt und gleichzeitig der Schöpfer. Alles ist eins.

Hawk, du sprichst in Rätzeln.

Dein menschliches Bewusstsein erfährt sich über das *SoSein* als ein Aspekt des Göttlichen, welches es ist.

Also gibt es demnach keine Trennung zwischen Seele als Ausdrucksform der Schöpfung und Gott, Schöpfer, wie du sagst?

Da gibt es keine Trennung, nur unterschiedliche Seins-Ebenen ein und der- selben Quelle: das Göttliche, das sich selbst zum Ausdruck bringt.

Wenn nun jeder Mensch, jede Seele Ausdruck des Göttlichen ist, dann...?

...dann gibt es keine Trennung. Alles was ist, bist auch du, alles ist mit allem verbunden - Eins.

Das heißt, jede Seele ist das Göttliche, das große Ganze *und* der individuelle Ausdruck des Göttlichen.

...des Lebens, des All-Einen, des Universums, der Schöpfung, alles Worte, die immer ein individuelles Bild vermitteln, aber nicht die Kraft haben auszudrücken, wer du von deinem wahren Wesen her bist.

Wer spricht da in meinem Inneren zu mir?

Hawk, woher weiß ich, dass du Ausdrucksform meiner Seele bist?

Nun, ich könnte sagen, dein wahres, unzerstörbares Wesen, die Quelle in dir, deine göttliche Weisheit, dein höheres Selbst, das, was du schon immer warst, bist und sein wirst.

Warte, Hawk: Höheres Selbst ist gleichzusetzen mit Seele?

Dein Höheres Selbst ist die Instanz, welche den Bezug zu deiner göttlichen Quelle herzustellen vermag, das *Tor zu deiner Seele*, um es einfach auszudrücken. Dein *Höheres Selbst schwingt in der Frequenz deiner Seele*. Damit ist es in Kontakt mit der einen Quelle. Du nennst diese Gott, Schöpfer.

Hm. Weshalb erschien mir in meinem Traum der Falke?

Falken stehen für die Boten des Himmels. Sie sind Vermittler zwischen der jenseitigen Welt und dem Diesseits.

Deshalb nehme ich dich, Hawk - Falke, als eine Art innere Stimme wahr?

So ist es.

Dich zu hören irritiert mich. Es stellt alles in Frage.

Du hast mich gerufen.

Ich weiß, das sagtest du schon.

Wie fühlst dich, Regina, wenn du mit mir kommuniziert?

Da ist ein tief empfundenes Gefühl des Vertrauens, es beruhigt mein aufgewühltes Inneres. Aber da ist auch die Angst, den Verstand zu verlieren.

Gut.

Gut? Also wenn man in dieser Welt nicht alle Sinne beieinander hat, ist das gar nicht gut.

Öffnest du das Tor für einen Dialog mit mir, über den *göttlichen Teil deines Menschseins*, gehst du über deinen Verstand hinaus, Regina.

Hm. Zumeist geschieht das, wenn ich wirklich entspannt und ausgeruht bin, häufig direkt nach dem Aufwachen am Morgen, manchmal auch in der Nacht. Weshalb nehme ich denn deine Präsenz erst jetzt wahr?

Zunächst erst einmal: *Du und ich sind Eins!* Du bist *Alles* was du je warst, bist, oder sein wirst *jetzt, in diesem Augenblick*! Du bist das große Ganze, das was du Leben, Schöpfung nennst. Ich, Hawk, bin *individuelle Ausdrucksform deines göttlichen Wesens*. Es ist dein spiritueller Weg, deine Suche nach Ganzheit, die dich zu diesem Tor geführt hat, das Tor zu deiner göttlichen Präsenz.

Noch einmal, Hawk: Warum habe ich diesen Zugang erst jetzt gefunden?

Es liegt an der jeweiligen Perspektive, die du einnimmst. Wie die meisten Menschen, identifizierst du dich mit dem, was du siehst, mit deiner Person, mit dem Dinglichen, du bezeichnest dies als Realität und diese so von dir wahrgenommene Realität ist an die Funktion deines Verstandes gebunden.

Deine innere Stimme, dein wahres Wesen kann nicht zu dir durchdringen, wenn das Tor, durch die ununterbrochene Aktivität deines Verstandes, geschlossen bleibt. So kannst du mich, als eine Ausdrucksform deiner Seele nicht oder nur bruchstückhaft wahrnehmen. Noch einmal: *Du und ich sind Eins! Der Einfachheit halber bleiben wir jetzt beim du.*

Das alles übersteigt meine Vorstellungskraft. Ich bin also über mein Höheres Selbst mit dir Hawk, verbunden?

So ist es.

`Höher` heißt: Du hast sozusagen den Überblick?

Ich bin ein höher *schwingender Teil* deines Menschseins, d.h. meine Schwingungsfrequenz entspricht der deiner Seele. Deshalb ist die Kommunikation mit dem Schöpfer, dem All-Einen, Spirit...wie immer du es nennen magst möglich.

Wieso erscheinst du mir in dieser indianisch geprägten Ausdrucksform, Hawk?

Nun, du hast eine besondere Affinität zu den Ureinwohnern Amerikas. Daher war es dein Wunsch, auf *diese Weise* mit mir zu kommunizieren.

Mein Wunsch?

Deine Intention, deine spirituelle Suche hat eine Energie erzeugt, die mich, als Teil deiner Göttlichkeit, mit Dir, deinem menschlichen Bewusstsein verbindet. Du bist dem Ruf deiner Seele gefolgt!

Noch einmal die Frage: Warum erscheinst du mir genau so?

Nun, wie ich schon sagte bin ich Ausdruck deiner göttlichen Wesensnatur. Diese Essenz ist auch Teil deines menschlichen Seins. Alles was du nicht verstehen, aber wahrnehmen kannst, deine göttlichen, multidimensionalen Eigenschaften, formen ein Bild auf deiner linearen, verstandesmäßigen Ebene: ich nehme menschliche Eigenschaften an, damit du mit mir kommunizieren kannst.

Warum habe ich so einen Bezug zu dieser indianischen Kultur? Bücher, Musik oder Dokumentationen mit und über die amerikanischen Ureinwohner berühren mich in meinem tiefsten Inneren. Also da findet wirklich etwas Zugang zu meiner Seele. Es fühlt sich an, wie nach Hause kommen. Das verzaubert mich schon seit meiner Kindheit.

Die ehemals *erdverbundene Lebensform* dieser ersten Völker Amerikas, die *Einfachheit und Klarheit des Lebens* dieser Menschen, ihr *Zugang zu Spirit* und ihr *selbstverständlicher Umgang mit den Elementen*, die du Leben nennst, dies ist es, was dich berührt. Im Urgrund des Seins ist es die *Verkörperung der tiefen Liebe zur Schöpfung* und das Wissen, dass alles daraus hervor und wieder dorthin zurückgeht, dass *alles Eins ist*, was du als Nach-Hause-Kommen empfindest. Es ist eine *Erinnerung*, die dich mit deiner Seele verbindet, mit deinem göttlichen Wesen, mit dem, was um die Dinge weiß.

Gab es dich wirklich, also ich meine, hattest du ein menschliches Leben in dieser Kultur?

Ich, Hawk, stehe für den *Botschafter der Ebene deines Bewusstseins*, die aus der Perspektive deiner göttlichen Wesensnatur auf das Leben schaut. Du bist eine *Suchende* und der *Weitblick des Falken* lässt dich erkennen, wer du in *Wahrheit* bist.

Was, Hawk, ist es, dass ich so sehr suche?

Nun, Regina, du bist bereit die aus dem menschlichen Verstand geborenen Dramen deines Lebens wie Angst, Schmerz, Verlust, Verletzung... als Illusion zu erkennen. Sie begrenzen die Entfaltung deiner wahren Wesensnatur. Deine Suche ist verbunden mit dem tiefen Wunsch über diese Begrenzungen hinauszuwachsen. Dies ist der Weg eines *inneren Wandels*.

Das stimmt, Hawk. Erkläre mir das genauer.

Es wiederholen sich stetig dieselben Muster, Erfahrungen des Überlebens, aus denen du ausbrechen willst, sich stetig wiederholende innere und äußere Dramen, welche etwas in dir zu verschlingen drohen und dieses Etwas ist deine wahre Kraft, der Ursprung deines Seins.

Ich fühle eine große Schwere in mir, einem Schmerz gleichzusetzen, den ich schon ein Leben lang in mir zu tragen scheine.

Dieser wahrgenommene Schmerz hat seine Quelle in der, von dir sehr stark empfundenen Trennung von deiner wahren Wesensnatur, deinem göttlichen Selbst. Gegenwärtig ist er so groß, dass du diese empfundene Trennung nicht mehr ertragen und dich aus dieser Illusion heraus bewegen willst.

Und du zeigst mir nun einen Weg aus diesem Labyrinth von Schwere und Leid?

Ich ermögliche dir *eine erweiterte Sicht* auf die Dinge, auf dein *Leben*.

Aber genau *dieses Leben* empfinde ich oft als eine Last, die mich zu erdrücken scheint.

Alles, was sich dir in deinem Leben zeigt, ist immer *zu jedem Zeitpunkt* in einer *vollkommenen Ordnung*, auch dein *Empfinden* über *das, was ist*. Es hat dich zu diesem Dialog geführt, ich könnte auch sagen, zu einer Perspektive, die dich neben dein Mensch-Sein stellt, um aus der Sicht deines göttlichen Selbst heraus die Dinge *wahrzunehmen*.

Es hat mich geführt heißt also, dass ich dich gesucht habe?

Eher, dass deine *innere Ausrichtung* dich mit mir verbunden hat.

Noch einmal die Frage, Hawk: Über mein Höheres Selbst bin ich mit dir, dem Teil meiner Seele, der im Jenseits geblieben ist verbunden?

So ist es.

Das heißt ich stehe mir selbst zur Seite, der göttliche Teil meines Seins mit dem Menschen, der sich Regina nennt?

Du bist alles, was du je warst, bist, oder sein wirst - jetzt, in diesem Augenblick! Du bist das große Ganze, was du *Leben* nennst. Wenn du *alles* bist, in diesem einen Augenblick Regina, dann existiert *keine Trennung*. Dies ist eine Illusion deines Verstandes und du bist dabei, darüber hinauszuwachsen.

Das heißt, du hilfst mir heraus aus den dunklen Tälern meiner menschlichen Dramen?

Du durchschaust die Illusion deiner menschlichen Dramen indem du die Verbindung zu deinem wahren Wesen zulässt. Alles, was ist, das große Ganze, das Göttliche, Unermessliche...wie immer du es nennen magst, ist *in dir Regina,* als Essenz enthalten und das weißt du auf einer Ebene deines Seins. Deshalb hat dich der Ruf deiner Seele berührt. Du bist die Quelle aus der du kommst, Regina. Wir werden noch des Öfteren darauf zurückkommen.

Danke, Hawk.

Meinen Weg finden

Hawk, wir müssen reden!

Reden wir.

Bleiben wir erst einmal bei, ich würde sagen, einfacheren Dingen.

Nun, was hast du auf dem Herzen, Regina?

Wie ich schon sagte, empfinde ich eine gewisse Schwere in meinem Leben. Eigentlich suche ich nach einem *Sinn*, einer Bestimmung oder wie immer man das nennen mag, weil ich glaube, dass mich das mehr erfüllt, glücklicher macht.

Zunächst sehnst du dich nach dem *Ende des Dramas* aus schmerzvollen Erfahrungen, Heilung der Auswirkungen, Erlösung durch eine neu eingeschlagene Richtung.

...bis ich in den nächsten Schmerz hineinlaufe, Hawk!

Dieser Ablauf wiederholt sich stetig, auf allen Ebenen meines Seins, in Familie, Beruf, manchmal sind auch Freundschaften betroffen.

Selbst wenn du allein bist, erlebst du Drama!

Du hast recht, Hawk. Also, wenn ich dich richtig verstehe, sehne ich mich nach dem Ende dieser emotionalen Höhen und Tiefen. Ich suche nach einer gewissen Ausgeglichenheit, nach meiner Mitte sozusagen. Aber wieso erlebe ich Drama, wie du sagst, sogar, wenn ich alleine bin?

Nun, innerhalb deines *Denkens* laufen diese Dramen ab. Du bist Teil eines Films in deinem Kopf, der nie ein Ende findet.

Das stimmt. Manchmal gehen mir unendliche Gedankenschleifen durch den Kopf mit Warum-passiert-mir-das-Fragen, mit Selbstvorwürfen, Zweifeln, Rechtfertigungen... und ziehen mich richtig herunter. Was würdest du tun, aus deiner Sicht?

Zunächst, *sei dir dessen bewusst*.

Gut. Aber was hat das mit der empfundenen Schwere in meinem Leben zu tun?

Beobachte die *Richtung* deiner Gedanken und die damit verbundenen Emotionen. Diese Schwere hat ihren Ursprung dort!

Was meinst du damit?

Die Wirklichkeit ist, was sie ist. *Ohne Wertung kein Drama.*

Ohne Urteil, ohne Bewertung meines Lebens auch kein Leid, kein Schmerz, kein Hadern?

So ist es. *Nimm das Leben* wach und voller kindlichem Staunen *wahr*, schau einfach, wie es sich entfaltet.

Aber dieses Leben macht mich ja gerade nicht glücklich.

Du bist in einer *Erwartungshaltung*, Regina, und diese wird durch die *Gedanken über das Le-*

ben, wie es sein sollte, bestimmt. So erlebst du das Erwartete, etwas, das dir scheinbare Sicherheit vermittelt. Geschieht jedoch etwas Unvorhergesehenes innerhalb deiner Lebenswelt, wird es einer Bewertung unterzogen, d.h. von dir in gut oder weniger gut eingeordnet. Letzteres erzeugt Reibung, *Widerstand* gegenüber der Wirklichkeit und dieser *Widerstand, deine innere Abwehrhaltung, erzeugt Leid.*

Du hast recht, Hawk. Dieses Hadern mit einer Situation kenne ich nur zu gut. Weißt du, dass ich schon viele Male einfach *ausbrechen* wollte aus meinem so *vorhersehbaren* Leben?

Ich weiß, es war der Ruf deiner Seele, etwas zu verändern.

Was zu verändern, Hawk? Oder anders gefragt: wie erkenne ich denn, was mich wirklich erfüllt?

Spüre in dich hinein, nimm wahr, wer du wirklich bist, *gehe in die Stille*, erkenne deine wahre Natur, deine Seele, deine göttliche Präsenz. Und aus dieser Präsenz heraus, schau dir an, *was tief empfundene Freude und Lebendigkeit hervor-*

bringt und dich gleichzeitig zutiefst glücklich und friedvoll sein lässt.

Es gibt diese Momente, in denen sich alles einfach richtig und gut anfühlt, doch überwiegend befinde ich mich eher in einem Zustand, den ich als Funktionieren bezeichnen würde. Was kann ich tun, Hawk?

Nun, was tust du?

Ich schreibe gerade unseren Dialog auf, schließlich hast du mich dazu aufgefordert.

Gut. Der göttliche Teil in dir veranlasste dich, Regina, dies zu tun. Wie fühlst du dich dabei?

Es fühlt sich gut an, friedlich.

Warte, bevor wir fortfahren: Weshalb war mein Urlaub der Auslöser dafür, wieder mit dir in Kontakt zu treten? Ohne, dass irgendetwas Besonderes vorangegangen war, spürte ich ganz intensiv deine Präsenz! Es fühlte sich so natürlich an.

Was denkst du, warum dies so war?

Wenn ich deine o.g. Aussage reflektiere, dann war ich wohl mehr nach innen orientiert, oder so?

Neue Eindrücke wie z.B. in deinem Urlaub führen sehr oft zu einer intensiveren Wahrnehmung, sowohl deiner äußeren als auch deiner inneren Welt. Dadurch durchbrichst du vertraute Verhaltens- und Gedankenmuster, fühlst dich lebendiger und friedvoller.

Deshalb ist der Urlaub wirklich ein Zurücklassen des Alltags und ich liebe es, mich diesen neuen Eindrücken hinzugeben, Stille zu genießen, Natur auf mich wirken zu lassen...

...sich zu öffnen für die Schönheit des Lebens in jedem Moment.

Ja, die Schönheit des Lebens wahrzunehmen, darum geht es wohl. Kommen wir zurück zum Thema, nämlich ein erfülltes Leben zu führen.

Das ist das Thema, Regina.

Ein erfülltes Leben hat damit zu tun, sich der Schönheit des Lebens in jedem Moment zu öffnen?

So ist es!

Schön, nur davon kann ich nicht leben, weißt du.

Lass diese sorgenvollen Gedanken los!

Was?

Das , was du als `davon kann ich nicht leben` bezeichnest.

Aber so ist es.

Du lebst, bist versorgt, wohnst in einem schönen Haus.

Aber das nur möglich, wenn ich auch Geld verdiene!

Gib es ab!

...das Geldverdienen?

Überlass es deiner inneren Weisheit. Diese weiß, was du benötigst.

Das heißt ich muss mich nicht darum sorgen, dass ich meine laufenden Kosten bezahlen kann?

Überlass es deiner inneren Weisheit, dir alles zukommen zu lassen, was du brauchst.

Zeig mir einen Weg, sag mir was ich tun soll.

Du sollst nicht tun, sondern sein, *im Vertrauen sein*, das alles, was du brauchst *den Weg zu dir findet*. So begrenzt du den Fluss der Energie nicht und sie kann sich entfalten, ausdehnen.

Dann offenbaren sich dir alle Informationen, Mittel und Wege dorthin.

Wie lange muss ich denn im Vertrauen sein? Jeden Monat fallen Kosten an und...

Du bist schon wieder gedanklich bei dem, was du *nicht* haben willst, anfallende Kosten, die du aus deiner Sicht nicht bezahlen kannst. Es sind die *alten Muster des Überlebens*, die in dir wirksam sind, Regina. Hat dir dein bisheriges Leben nicht gezeigt, dass es dich mit Allem versorgt?

So gesehen, ja. Es hat mir an nichts gefehlt.

Bleib bei dem Gedanken, dass das Leben, dein göttliches Wesen, die Schöpferquelle, deine Seele... alle deine Bedürfnisse erfüllen wird. Nun, was hältst du davon?

Das hört sich gut an. Einen Versuch ist es ja wert.

Gedanken und die damit verbundenen Emotionen geben eine Richtung vor: Liegt dein Fokus auf Sorgenvollem, wirst du genau dies erhalten.

Dein göttliches Bewusstsein, auch Seele genannt, kann nur im Sinne von Fülle, Deinem Wunsch!, wirksam werden, wenn deine *Ausrichtung* auch entsprechend navigiert bist.

Gut, das habe ich verstanden, das *Gesetz der Anziehung*, ist ja schon lang in aller Munde. Ich glaube zu verstehen, dass meine Gedankenwelt, die bei Herausforderungen zumeist in mir für Abwehr und Widerstand sorgt, eben für mein empfundenes Leid verantwortlich ist.

So ist es.

Noch einmal, Hawk: Was ist zu tun?

Sei bewusst, Regina, *vollkommen präsent*. Fühle, nimm wahr ohne deine Geschichte und das Leben wird sich friedvoll aus dir heraus entfalten.

Einfach ausgedrückt: *Geh aus dem Weg* (dein menschliches Selbst), damit dein wahres Wesen(dein göttliches Selbst) wirksam werden kann.

Oh, das ist gut, klingt einfach. Im Übrigen Hawk, es macht Freude, mich mit dir zu unterhalten.

Ganz meinerseits. Reine Freude, tiefempfundene freudvolle Gefühle zeigen dir an, dass du mit deiner Seele, deiner wahren Wesensnatur verbunden bist.

Es müsste immer so sein.

Es liegt an dir, Regina.

Können wir noch mal auf meinen Weg zurückzukommen, Hawk?

Nun: Was tust du gerade?

Ich schreibe unseren Dialog auf!

Wie fühlst du dich dabei?

Gut, das sagte ich doch schon.

Beschreibe `gut` näher.

Also, da ist ein innere Ruhe, eine Art Geborgenheitsempfinden ...und Freude. Es fühlt sich irgendwie richtig an, so würde ich es beschreiben.

Nun, liebe Regina, das ist *deine Orientierung*, da geht es lang. Deine Gefühle, die du mit *gut* beschreibst, sind *Ausdruck der Leidenschaft deiner Seele*, ein Hinweis, dass du mit deinem göttlichen Wesen eins bist.

Das ist mein Weg?

Im Moment ist es das, was dich erfüllt, glücklich macht. Also gehe diesen Weg.

So einfach ist das?

So einfach.

Danke, Hawk. Schön, dass du da bist.

Erlöste Emotionen

Hawk, wir müssen reden!

Reden wir, liebe Regina.

Warte. Ich spüre gerade, dass ich nicht einmal mit meinem Namen richtig verbunden bin. Regina - das klingt oft fremd für mich, wie jemand, der ich nicht bin.

Alles war und ist zu jedem Zeitpunkt immer in einer vollkommenen Ordnung! Diese *Gefühle sind in diesem Moment Teil deiner Wesensnatur. Werte nicht*. Sie weisen dich lediglich auf etwas hin, was der *Heilung* bedarf.

Woher kommt dieses Empfinden?

Der Ursprung liegt in der frühen Kindheit. Wie du weißt, ist die *Quelle allen Seins Liebe*. Mit dieser *allumfassenden Liebe* wird jeder Mensch geboren. Er erwartet die bedingungslose Annahme seiner Selbst, jedoch ist das menschliche Umfeld kaum in der Lage, diese Liebe in ihrer Vollkommenheit und Bedingungslosigkeit zu leben. Dies basiert auf der mangelnden Fähigkeit eines jeden Menschen, *sich selbst vollkommen zu lieben* und anzunehmen.

Aber was hat das mit dem unguten Gefühl bezüglich meines Namens zu tun?

Hier sind Gedanken aktiv, die dich mit begrenzenden und aus deiner Sicht leidvollen Erfahrungen verbinden.

Und weiter?

Durch enge Grenzen und wenig Möglichkeiten der Selbstentfaltung wurde dein Bewusstsein darüber, *wer du bist*, entsprechend eingefärbt. *Deine Wahrnehmung* ist die eines verletzten, alleingelassenen Kindes! Daher dieses Empfinden.

Hawk, auch mein Geburtsname löst genau diese Abwehr in mir aus und ich erinnere mich, dass sich mein neuer Familienname, nachdem ich geheiratet habe, viel natürlicher für mich anfühlte.

Denk daran. Es ist alles in Ordnung, so wie es ist. Dein wahres Wesen ist schon immer in einem *vollkommenen Zustand*, nur deine Gedanken sind es, die dich von diesem Zustand entfernen.

Kann ich es auflösen, dieses ungute Gefühl?

Schon in dem Moment, wo du diese Frage gestellt hast, bist du einen Schritt in Richtung Auflösung gegangen. Beobachte deine Empfindungen, aber *identifiziere* dich *nicht* mit ihnen. Schau sie dir an, ohne Wertung, nimm einfach wahr. So können diese Emotionen zugelassen und der darin gebundene Schmerz befreit werden.

Das klingt einfach.

Es ist eine Möglichkeit, den *vergangenen* Schmerz nicht noch einmal zu nähren. Die damit verbundenen Emotionen wie Selbstzweifel, Traurigkeit, Verletzlichkeit, Angst können sonst immer wieder Einfluss auf dein heutiges Leben nehmen. In der Bewusstheit dieser begrenzenden menschlichen Aspekte liegt die *Chance, darüber hinauszuwachsen*. Dabei bewegst du dich von deinem an den Verstand gebundenen menschlichen Selbst hin zu deiner wahren Wesensnatur, auch göttliches oder Seelen-Selbst genannt. *Damit erzeugst du eine höher schwingende Energie, die dir die Hilfe deiner Seele ermöglicht.*

...das Eingreifen meiner Seele, deren Ausdruck du gerade bist.

So ist es.

Die Vergangenheit ist vorbei, lediglich deren emotionale Schatten scheinen mich zu beeinflussen, Stimmen in meinem Kopf sozusagen.

Stimmen die nicht einmal dir gehören, aber deine Gedankenwelt beeinflussen.

Erkläre mir das näher, Hawk!

Nun, diese Gedanken sind an die Stimmen deiner Eltern, Erzieher, Lehrer usw. gebunden. Sie nehmen Einfluss auf deine Selbstwahrnehmung, wenn du dies zulässt. Du selbst bist es, wenn auch unbewusst, die den Schleier über deine wahre Wesensnatur legt.

Da gibt es beispielsweise Bilder, verbunden mit Zurechtweisungen aus Kleinkind- und Schulzeiten, die bei mir damals für starke Verunsicherung geführt haben. Diese emotionalen Landschaften beeinflussen mich demnach bis heute?

...wenn du dies zulässt, Regina.

...weil ich mich im Netz meiner Gedanken und Emotionen verfange.

So ist es. Jedoch ist auch dies in Ordnung, weil es der jeweilige Ausdruck deines Lebens ist.

Bewusstheit über die Richtung meiner Gedanken und Emotionen zu erlangen ist der Weg?

So ist es.

Danke, Hawk.

Liese

Hawk, wir müssen reden!

Was hast du auf dem Herzen, Regina?

Du hast gesagt: Alles war und ist zu jedem Zeitpunkt immer in einer vollkommenen Ordnung!

Es ist das, was ist. Du nennst es Realität, ich nenne es *Schöpfung* und diese ist in ihrem Ausdruck immer vollkommen.

Für mich stellt es sich nicht so dar. Allein, dass wir so ein Kind, wie Liese haben, widerspricht, aus meiner Sicht einer vollkommenen Ordnung.

Beschreibe mir das näher.

Sie autistisch, auch noch in dieser schweren Form. Sie spricht im Grunde nicht, zeigt kaum Emotionen, schaut mich nicht einmal an und scheint ein stark eingeschränktes Empfinden für ihren Körper zu haben. Ich weiß nie, wie es ihr geht, kann nur an wenigen Zeichen deuten, was sie braucht ...und überhaupt ist es nicht das, was ich als vollkommen beschreiben würde.

Dein Inneres scheint irritiert und aufgewühlt, Regina.

Ja , bei Liese fühle ich mich an einem wunden Punkt getroffen.

Warum?

Du siehst doch, wie ihr Leben und damit auch meines, unseres als Familie, aussieht.

Wie sieht es denn aus?

So viele Einschränkungen: Der tägliche Ablauf ist nur auf Liese und ihre Möglichkeiten abgestimmt. Sie kann nicht aus sich raus, kann sich kaum mitteilen. Manchmal bin ich gar nicht ich selbst. Schließlich muss ich für sie denken, fühlen und handeln. Sie ist nicht einmal in der Lage, sich zu beschäftigen. Immer nur können wir am

Wochenende mir ihr "eine Runde gehen" - kleine Spaziergänge, wo alle um uns herum, deren Kinder inzwischen groß sind, völlig frei über ihre Zeit verfügen können: Rad oder Skifahren, ins Kino gehen, einfach mal nichts tun, überhaut abends ausgehen... nicht mal ausschlafen können wir. Ganz abgesehen davon, dass mein Mann und ich nicht mal Hand in Hand oder umarmt spazieren gehen können, auf Grund der Gangunsicherheit von Liese.

Das hört sich nach ziemlich viel Frust an.

Der Frust ist nicht so sehr das Kind, sondern die Enge, die das Leben dadurch mit sich bringt. Abgesehen von Zukunftsängsten sind häufig auch Traurigkeit und Verzweiflung in mir aktiv.

Regina, wie fühlst du dich jetzt, in diesem Augenblick?

Gerade nicht gut.

Was sagt dir das?

Ja, ich weiß schon, dass ich mich auf Sorgenvolles konzentriere.

Diese, wie du sagst, nicht guten Gefühle zeigen dir, dass du dich von deiner Seele, von deinem wahren Wesen entfernt hast. Du befindest dich in einer Abwehrhaltung gegenüber dem Leben. Du erzeugst sozusagen inneres Leid durch deine Gedanken.

Ja, ich weiß, aber so ist es nun mal. Warum stellst du mir nur Fragen, Hawk?

Es ist alles in Ordnung. Auch deine Gefühle sind so, wie sie sind in Ordnung. Du darfst so fühlen!

Schön und weiter?

Mit welchen Gedanken geht es dir, bezüglich Liese, besser?

Also, womit geht es mir besser? Wenn ich Liese am Wochenende morgens zu uns ins Bett hole und sie sich, ausschließlich in dieser liegenden Position von mir umarmen lässt. Schließlich ist sie autistisch und mag Berührungen nicht. Also da kommt ein gutes Gefühl auf. Und wenn ich manchmal ein leises Lächeln in ihrem Gesicht entdecken kann, oder wenn sie mich mal für Bruchteile von Sekunden anschaut, wenn sie voller Freude auf ihren Bus wartet, der sie in ihre geliebte Tageseinrichtung bringt oder wenn sie meine Füße auf ihren Schoß bettet, das Maximale an Berührung, das von ihr ausgeht. Manchmal spricht sie auch so etwas, wie "Mama ei" - was wohl bedeutet, ich solle mich zu ihr setzen. Das berührt mich auf einer ganz tiefen Ebene.

Wie geht es dir jetzt?

Mir geht es jetzt besser, Hawk. Trotzdem hadere ich häufig mit meinem Leben, nicht so sehr mit Liese, sondern mit der Situation, in der ich durch ihr Dasein bin. Kannst du mir dazu etwas sagen?

Nichts im Leben geschieht zufällig, alles ist vollkommen, so wie es sich dir zeigt. Auch Liese ist ein Kind, welches ihren Platz genau dort hat, wo sie sein wollte. Auch wenn es nach menschlichem Ermessen nicht so scheint, ist doch ein solches Kind ebenfalls das vollkommene Abbild der Schöpfung. Eine *Wertung* dessen, was du siehst und erlebst, macht es aus deiner Sicht zu einer positiven oder negativen Erfahrung, zu einem guten oder schlechten Sachverhalt. Eine Behinderung ist nach deinen Maßstäben etwas, dass den betroffenen Menschen derart unterscheidet, dass er scheinbar nicht vollkommen am Leben teilnehmen kann, wie das ein Mensch tut, den du als nicht behindert bezeichnen würdest. Du bewertest dies als eine weniger gute Erfahrung für euch beide. Jedoch baust du damit *Widerstand* auf gegen die Wirklichkeit, so wie sie ist und damit *erzeugst* du *in dir* Leid, Schmerz und Frust.

Also das ist mein Part, aber was ist mit Liese?

Hier ist ein Mensch, welcher die Erfahrung macht, nach seinen Möglichkeiten am Leben teilzunehmen. Liese macht die Erfahrung, der vollkommenen Abhängigkeit von Betreuung und Pflege. Ohne Wertung ist es *nur* eine Erfahrung, so wie du die Erfahrung machst, Liese als deine Tochter, so wie sie ist, anzunehmen, zu betreuen und zu pflegen. Es ist, was es ist.

Hawk, ich hatte nie den Gedanken bezüglich eines behinderten Kindes, also wegen dem Resonanzgesetz, da war ich immer unbeschwert und zuversichtlich. Hat Liese sich etwa ausgesucht, dieses Leben in dieser Form zu verbringen? Das klingt für mich wie Karma, womit ich ehrlich gesagt nichts anfangen kann. Das ist wieder dieses Sünde-und-Buße-tun-Ding.

Liese ist da, wo sie ist vollkommen richtig. Es ist das, was ist. Ohne Wertung ist hier ein Mensch, der in diesem Leben auf diese Weise seinen Ausdruck findet. Durch ihr So-Sein findest auch du deinen perfekten Ausdruck.

Was? Ach ich weiß schon, ich wachse an ihr. Der Mensch wächst mit seinen Aufgaben. Das hilft mir nicht gerade, wenn ich mich erschöpft, ausgelaugt und so unfrei fühle.

Ich verstehe deine Reaktion, doch will ich dir noch eine andere Sicht aufzeigen. Schau: Liese bringt alles mit, was ein menschliches Wesen ausmacht, darüber *hinaus nimmt sie durch ihr So Sein besonderen* Einfluss *auf ihre nähere Umgebung*, ihre Geschwister, ihren Vater v.a. auf dich. Sie rührt an deinem Herzen, an deiner Seele, weckt dich auf, macht dich stark, lässt dich Dinge hinterfragen, die Welt aus einer anderen Sicht sehen. Ihre *innere Welt* ist völlig klar, ganz mit der Quelle verbunden. Dieses Leben ist *ihre ganz individuelle Ausdrucksform, eine menschliche Erfahrung zu machen.* Zudem veranlasst ihr Dasein dich, deine *selbst auferlegten Begrenzungen hinter dir zu lassen.* Sie hilft dir, dich zu *erinnern,* wer du wirklich bist.

Das ist ihr Daseinszweck in Verbindung mit mir?

Könnte es so sein?

Hawk!

Alle Menschen wählen ein Leben in der Raum-Zeit-Realität, um *die vielfältigen Ausdrucksformen des Menschseins voller Freude zu genießen.* Leben ist Schönheit, Leben ist freudvolles Sein, Leben ist Leichtigkeit und du bist der Schöpfer dieses Lebens. Gerade beginnst du dich zu erinnern und Liese fungiert in deinem Leben als eine Art Katalysator.

Heißt das, wenn ich Liese in eine Betreuungseinrichtung abgebe, ermögliche ich ihr und mir diese Erfahrung nicht?

Du bekommst die Hilfe, die für euch beide, auch für deine Familie, stimmig ist. Selbstverständlich haben Wohnstätten und Taseseinrichtungen ihre Berechtigung! Die zwischenmenschlichen Beziehungen dort sind ebenfalls auf die gegenseitige bedingungslose Annahme dessen, was ist, ausgerichtet.

Noch einmal: Alles ist so, wie es sich dir zeigt vollkommen in Ordnung. Es gibt nichts, was du falsch machen könntest.

Was muss ich tun in Bezug zu Liese?

In vollkommener Hingabe , ohne deine Wertung, dehnt sich das Leben aus, entfaltet sich aus dir heraus. Ein Schritt führt zum nächsten und dieser zum nächsten. In Verbindung mit deiner wahren Wesensnatur wirst du immer genau wissen, was zu tun ist.

Noch einmal, Hawk, *was ist mit Karma*? Muss ich in diesem Leben etwas wieder gut machen? Und lach jetzt nicht. Manchmal sage ich so aus Spaß: Ich muss wohl in meinem letzten Leben eine Königin gewesen sein, die ihren Hofstaat schlecht behandelt hat, deshalb bin ich jetzt

Ankleidedarme, Pflegepersonal, Animateur, Putzfrau... alles in einem.

Schön, dein Humor, Regina. Du bist nah an deiner Quelle, weißt du das?

Ich spüre es, ja! Es fühlt sich gut und aus deiner Perspektive so einfach an.

Das Leben ist einfach, Regina.

Ich empfinde das nicht immer so.

Erwarte, dass das Leben einfach ist und es wird sich dir genauso zeigen.

Okay, hab ich verstanden.

Bleib nicht im Verstand, Regina - fühle, nimm wahr, sei präsent!

Das werde ich versuchen. Danke, Hawk.

Karma

Doch nun noch einmal zum Karma, das möchte ich wirklich wissen.

Der Karma-Gedanke ist nur ein Konstrukt für Dinge, denen der Mensch Struktur verleiht, damit etwas für ihn nachvollziehbar wird: sozusagen ein Ursache-Wirkungsprinzip aus menschlicher Sicht. *Die Quelle allen Seins umfasst alles, was ist.* Sie bringt etwas hervor (Schöpfung) und nimmt diese wieder in sich auf (Quelle), ohne Geschichte, ohne Wertung. Diese Quelle ist *nichtpolaren Ursprungs* und somit gibt es nichts, dass es zu erreichen oder zu überwinden gäbe.

Demnach gibt es also kein Karma?

Aus der begrenzten Erfahrung des Menschen gibt es Karma. Dies beruht auf der *energetischen Grundstruktur, die du als Mensch mitbringst* und der du anhaftest.

Aus Sicht der einen Quelle, des göttlichen Ursprungs ist Karma nicht existent. Das heißt es gibt grundsätzlich nichts, das in Ordnung gebracht werden müsste. Alles ist Ausdruck der Schöpfung.

Erkläre mir das genauer, Hawk.

Das, *was die Menschen fast aller Kulturen unter Karma verstehen* ist ein System von Unerledigtem, etwas das zu Ende gebracht oder gelöst werden soll.

Jedoch ist es viel komplexer. Einfach ausgedrückt wird ein Mensch mit einer bestimmten energetische Grundstruktur, also auch mit bestimmten genetischen Veranlagungen, in eine bestimmte Gruppe von Menschen geboren, innerhalb dieser in einer bestimmten Art und Weise interagiert wird. Diese Gruppenstruktur wird zumeist als *karmische Gruppe* bezeichnet. Diese wiederum steht in Verbindung mit anderen Systemen / Gruppen, die ebenfalls eine bestimmte energetische Ausrichtung haben.

Es ist ein System, welches *Potentiale* beinhaltet, die jedoch *nicht vorherbestimmt* sind. *Der Mensch hat immer die freie Wahl*, immer! Aber mit dieser vorgegebenen Ausrichtung, die individuell, als auch innerhalb der Seelengruppe gewählt wurde, kommt er auf diese Erde.

Ich habe mich also voll in meinem Karma verstrickt, Hawk?

Karma ist kein Schicksal! Jeder Mensch kann zu jedem Zeitpunkt eine *neue Wahl* treffen. Auch du Regina bist Schöpfer deiner Realität.

Wie kann es denn gelingen diesen karmischen Energie-Strukturen *nicht* anzuhaften?

In der *bewussten Wahrnehmung der Wirklichkeit, durch Gewahrsein,* weißt du um dein wahres Wesen, deine Seelennatur, ohne zu wissen. Es geschieht einfach, *ohne Identifikation*, ohne die *Anhaftung* an das, was du Realität nennst. Aus dieser Perspektive heraus ist alles in einem tiefen Frieden erlebbar, denn du identifizierst dich nicht mit dem, was du aus dieser Bewusstheit heraus betrachtest, verlierst dich nicht in deinen Emotionen. Und noch einmal: Das was diese `karmische` Ausrichtung beinhaltet *beruht auf Potenzialen*!

Das heißt also, es gibt auch kein gutes Karma?

Der Karma-Gedanke ist eine mentale Konstruktion, wie viele Glaubenssätze, die dein Leben, dein Denken (noch) bestimmen. *Du bist der Schöpfer deines Lebens. Alles, was ist*, bist auch du. Dein inneres Wesen weiß darum, es versucht dich behutsam zu führen.

Wohin?

...zu der Erfahrung, dich zu *erinnern,* wer du in Wahrheit bist: Ein *Meister der Schöpfung,* wenn du dies *zulassen* kannst und wenn du darüber noch hinausgehst, erkennst du dich als *göttliches Selbst*, was sich erfahren möchte über das, was du Leben nennst.

Was verhindert dieses Zulassen? Wo stehe ich mir da selbst im Weg?

Deine *Gedankenwelt* die ein Eigenleben entwickelt hat, das im Außen-Verhaftet-Sein, die Annahme, die äußere Realität würde dein Leben und Wirken bestimmen, lässt dich deine wahre Wesensnatur - schöpferisch und ewig zu sein, vergessen.

Mein Inneres bestimmt also, was ich im Außen erlebe?

So ist es! Entscheide dich für die Liebe, statt für die Angst. All deine Gedanken und Handlungen gründen letztendlich auf eine dieser Emotionen. Der Karma-Gedanke, so wie du ihn verinnerlicht hast, beinhaltet Angst, nicht Liebe.

Wie ich schon sagte bist du von deiner wahren *Wesensnatur reines Bewusstsein,* was du als lebendige Freude, tiefe allumfassende Liebe, überströmende Dankbarkeit, friedvolles Sein *spüren* kannst. Und immer wenn du dich nicht gut *fühlst*, bist du getrennt von deinem göttlichen Wesen. Mit deinem Gefühlen kannst du jeder Zeit prüfen, wie sehr du mit deiner Quelle verbunden bist.

Lass es mich zusammenfassen. Also da gibt es nichts, das ich falsch machen könnte. Es ist eher so, dass ich, aus einer Unbewusstheit heraus, Schmerz und Leid empfinde und dieses Gefühl weist mich darauf hin, dass ich der Angst anhafte, also einem Produkt meines Verstandes und nicht in der Liebe bin, dem Ursprung meines wahren Seins.

Karma ist ein menschliches Konstrukt mit bisher ausschließlich negativen Aspekten für mich. Jedoch gibt es lediglich eine energetische Ausrichtung, beruhend auf möglichen Potentialen, die nicht vorherstimmt sind, sondern von mir in freiem Willen ausagiert werden können. Ist es so, Hawk?

So ist es, Regina.

Es scheint wieder einmal einfach und klar! Schön, das du da bist; Hawk!

Schön, dass *du* da bist, Regina!

Es fühlt sich gut an mit dir zu reden und Klarheit zu erlangen.

Du und ich sind Eins, vergiss das nicht!

Ich weiß schon: Mein göttliches Selbst mit meinem menschlichen Selbst. Ich stehe mir sozusagen zur Seite.

So ist es!

Der Sinn des Lebens

Hawk, wir müssen reden!

Reden wir!

Viele Menschen sind auf der Suche nach einem erfüllten, glücklichen Dasein. Viele, auch ich, suchen *ihre Bestimmung*, weil doch vor allem das Leben einen Sinn haben sollte!

Das menschliche Leben sollte einen Sinn haben?

Aber ja! Warum lebe ich denn, wenn nicht aus einer Bestimmung heraus!

So?

Hawk, nimmst du mich noch ernst?

Was denkst du, was Ernsthaftigkeit denn ist?

Na, dass du wirklich auf meine Fragen eingehst, dich nicht lustig machst, meine ich!

Empfindest du denn, dass ich mich lustig mache?

Irgendwie schon, nicht ernst genommen sozusagen.

Beobachte jetzt einfach einmal deine Gefühle, während du dich mit dem Gedanken, möglicherweise nicht ernst genommen zu werden, beschäftigst.

Es fühlt sich nicht gut an. Eine Enge in der Magengegend, eine Verletzlichkeit.

Was denkst du, wo dies her kommt?

Ich glaube, ich habe mich angegriffen gefühlt.

Worauf gründet diese Empfindung?

Auf Angst?

...auf der Angst, nicht geliebt zu werden!

Es gründet auf meinen Erfahrungen als kleines, nicht wahrgenommenes, einsames und verletztes Mädchen, denke ich!

Du hast dich in der *Identifikation* mit der schmerzvollen Vergangenheit verfangen. Es ist dein Ego, was sich verletzt, angegriffen, nicht wahr- und ernstgenommen fühlt.

Ich erkenne die Täuschung.

Siehst du, Regina, was passiert wenn du dich herausnimmst, dich sozusagen neben dich stellst, die Perspektive änderst? Du erkennst, dass *Leid eine Illusion ist*.

Du siehst, dass das sozusagen deine Spielwiese ist. Wechselst Du die Perspektive, bist du nicht das Gefühl, die Rolle, die Erfahrung. Du bist die *Quelle*, aus der all dies entstehen, aber auch wieder versiegen kann. Somit ist es dir möglich, dich aus dem Leid, dem Schmerz, der Unzulänglichkeit zu befreien.

Das stimmt. Da ist so etwas wie ein neutraler Boden, der immer trägt, der immer sicher scheint, auf dem alles so sein darf, wie es ist.

Wunderbar, Regina. Du lässt zu, dass dein wahres Wesen Raum in dir einnimmt.

Trotzdem noch einmal zum *Sinn des Lebens*, Hawk. Bisher dachte ich immer, dieser Sinn bestehe darin, ein `einigermaßen` glückliches Leben zu führen.

Beschreibe mir dein Leben, Regina.

Nun, es ist zumeist ein Auf- und Ab von Emotionen. Es gibt die richtig guten Tage, die sich leicht und freudvoll anfühlen und es gibt auch immer wieder die Tage, wo schon beim Aufstehen Schwere, Enge, Abwehr und Frust über mich kommen.

Letzteres entsteht aus deinem *Widerstand* gegenüber der Wirklichkeit.

Hm, das stimmt. Aber warum ist das so?

Versuche nicht, diese Emotionen zu verdrängen, nimm sie einfach wahr. Es ist das, was sich im jeweiligen Moment in dir zeigt. Nimm wahr, dass es ein Aspekt deines Menschseins ist. Hier zeigen sich einfach Emotionen, die an alte Denk- und Verhaltensmuster gekoppelt sind. Schau hin, nimm wahr, nur *identifiziere* dich nicht damit. So bist du frei für den nächsten Augenblick. Die Schönheit des Lebens in all ihren Ausdrucksformen kann so in dich einfließen.

Ich beginne so langsam zu verstehen.

Gehe nicht über deinen Verstand, Regina! *Nimm einfach wahr, vertraue.* Bleib dabei nicht in deinem Kopf, gehe tiefer. Lass dich fallen in deine Seelennatur, gib der Großartigkeit der Schöpfung Raum. Worte können dies nicht ausdrücken, *erfahre* es.

Hawk, du vermittelst mir immer wieder, *da zu sein*. Was genau meinst du damit, *den Augenblick, das Leben im Hier und Jetzt* wirklich zu erfahren?

Das Leben spielt sich immer nur im *Hier und Jetzt* ab. Die Vergangenheit ist vorbei, die Zukunft noch nicht da. Demnach erschließt sich dir *die Ausrichtung deiner schöpferischen Aktivität* nur im jeweiligen Moment.

Wie kann ich mein Leben planen, die Schritte gehen, die z. Bsp. meine Bestimmung, meine Berufung vorgeben?

Wie ich schon sagte, deine *Bestimmung* ergibt sich aus dem *vollkommenen Präsentsein in der Wirklichkeit*. Hier erhältst du aus deinem göttlichen Bewusstsein heraus Klarheit darüber, wohin es geht und welche Schritte gegangen werden wollen. Alles erscheint auf einfache Weise. Das ist, was du *Fließen der Energie* nennst. So kann sich, deiner Intention entsprechend, Leben entfalten, ausdehnen.

Es gibt also eigentlich keinen Lebenssinn, Hawk?

Es ist der Sinn, den du dem Leben in jedem Augenblick gibst, aus der Präsenz deines wahren Wesens heraus. So einfach ist das.

Aber wenn ich etwas erreichen will, oder wie du es ausdrücken würdest, wenn ich etwas `erschaffen` will, z.B. ganz einfach, lach jetzt nicht, einen Kuchen backen. Dann muss ich doch planen (Zukünftiges), auf Wissen und Erfahrung zurückgreifen (Vergangenes), um dann über mein Handeln den Kuchen entstehen zu lassen (Gegenwart).

Nun, da ist zunächst dein Wunsch, der mit äußeren Aspekten deines Lebens zu tun hat.

Genau. Und um dieses *Ziel* zu erreichen, muss ich also eine Liste mit den benötigten Dingen erstellen, diese einkaufen usw. .

So ist es.

Aber dann bin ich nicht im Augenblick, wie du immer so schön betonst.

Du benötigst deinen Verstand um zu analysieren, zu planen, zu organisieren. Genau dazu ist dein Verstand da. Er ist Teil deines Menschseins, er *dient* deinem Überleben auf dieser Erde. Sei du jedoch *Meister deines Verstandes, beobachte*, lenke ihn. Er ist dein *Diener*, nicht umgekehrt.

Also, die Bedeutung vollkommen präsent zu sein, das habe ich verstanden.

Gut!

Aber nun noch einmal zum *Sinn meines Leben*, Hawk: Ich bin der Meinung, dass es ein Ziel geben muss, etwas das ich anstreben kann, eben um meinem Leben einen Sinn zu geben. Sonst habe ich die Befürchtung, dass ich einfach so `sinnlos` dahin treibe.

Regina, bei vollkommener Präsenz im *Hier und Jetzt* bist du in Verbindung mit deiner wahren Natur, der Quelle allen Seins, die *ohne Raum und Zeit existiert* und *wo es nichts zu erreichen, nichts zu überwinden gibt*. Aus diesem *Gewahrsein* heraus werden deine getroffenen Entscheidungen *klar und einfach* sein. Du bist in deinem So-Sein mit *allem, was ist* verbunden. *Du bist Eins mit der Schöpfung als Schöpfer deines Lebens.*

Das ist der Sinn des Lebens?

Es ist wie ein Eintauchen in die Quelle, die immer da war, die *Quelle, die du bist*. Diese Quelle bringt Schöpfung, *durch dich*, hervor und nimmt sie wieder in sich auf. Worte können dies nur unzureichend vermitteln.

Mein Ziel ist es also, wieder Eins zu werden mit dem Sein, mit meiner Seele?

...nicht *zu werden*, nicht *als Ziel zu sehen*, sondern die Täuschung der Trennung zu durchschauen um mit dieser Quelle durch deine vollkommene Präsenz (wieder)Eins zu sein. Man könnte auch sagen, es ist eine tiefe Sehnsucht, *dich zu erinnern, wer du von deinem wahren Wesen her bist.*

Das hört sich zunächst wieder einmal sehr einfach an, Hawk.

Für einen *bewussten* Menschen ist es das.

So gesehen bin ich eine wandelnde Unbewusstheit, nicht wahr?

Es liegt an dir, die Illusion zu durchschauen.

Okay, Hawk! Ich mache mich also auf den Weg zu mir selbst. Ist das der Sinn des Lebens?

Bewusstes Sein führt dich zur Erfahrung eines freudvollen Lebens. Es geht immer um liebevolle Hingabe, um mitfühlendes Handeln, um Balance. *Sei achtsam für das, was ist*, ohne Widerstand und du bist mit deiner wahren Natur verbunden, Regina.

Achtsamkeit in jedem Moment des Lebens - klingt einfach, aber das ist es nicht, Hawk.

Jeder Weg beginnt mit dem ersten Schritt...

... also ziehe ich los, Schritt für Schritt, die Achtsamkeit im Gepäck. Danke, Hawk!

Ein glückliches Leben

Hawk , wir müssen reden.

Reden wir, liebe Regina.

Ich muss noch einmal auf den Sinn des Lebens zurück kommen, das heißt für mich, ein *glückliches Leben* zu führen.

Wie sieht denn deiner Meinung nach ein glückliches Leben aus?

...jedenfalls ohne Stress, Konflikte, ohne ein ständiges sich gehetzt Fühlen. Oft habe ich auch das Empfinden, immer nur zu funktionieren, weil so viele Dinge einfach getan werden müssen.

Wer wärest du ohne all diesen Widerstand?

Das versteh` ich nicht.

Ohne deine innere Abwehrhaltung, ohne diesen Widerstand in dir würdest du einfach tun, was getan werden muss.

Aber das ist es ja gerade, dass ich das Gefühl habe, irgendwo auf der Strecke zu bleiben!

Regina, es ist *deine Geschichte,* die dir das Leben schwer macht, die Geschichte, die du zu all den oben genannten Situationen erzählst, die *Wertung* dessen, deine Gedanken darüber.

Schon wieder meine Gedanken!

Sie sind der Dreh- und Angelpunkt. Schau dir deine Gedanken an, achte auf die Emotionen, die sie bei dir hervorrufen und du erkennst, auf welchem Weg du dich gerade befindest. Die *gedankliche Wertung* der Wirklichkeit führt Dich in die Unbewusstheit, in die *Illusion* von Schmerz und Leid. Ohne deine Geschichte würdest du einfach tun, was getan werden muss.

Wo bleiben da meine Bedürfnisse, Hoffnungen, Wünsche?

Das Leben entspricht genau deinen Bedürfnissen, Hoffnungen, Wünschen! Sonst wäre es nicht so.

Ja, ich weiß schon, auf einer Ebene meines Seins habe ich mir genau das ausgesucht.

Erschaffen!

Schön und weiter? Meiner Meinung nach könnte mein Leben schon ein wenig anders laufen. Ich denke da an mehr Freiheit, Unabhängigkeit und Selbstbestimmtheit, Hawk.

Aber all das bist du! Du hast zu jedem Zeitpunkt deines Lebens *die Wahl*, eine neue Entscheidung bzgl. deines Lebens zu treffen. Du *bist Schöpfer deiner Realität*.

Und wo bleibt Liese in diesem Spiel? Sie braucht eine Rund-Um-Betreuung! Das lässt sich nicht einfach wegzaubern!

Soll sie aus deinem Leben verschwinden?

Um Himmelswillen nein, also so meine ich das nun auch wieder nicht.

`Himmels-Wille` - das ist gut!

Lach nicht über mich, Hawk.

Aber das ist wirklich gut.

Reden wir weiter. Ich kann nun mal nicht einfach so über meine Zeit verfügen.

Was tust du gerade?

Ich rede mit dir, d.h. ich schreibe unsren Dialog auf.

Nun, was ist das? Ist das nicht, wie du sagst: über deine Zeit verfügen?

Na ja, Liese ist jetzt in der Tagesbetreuung.

Und du hast währenddessen die Möglichkeit, über deine Zeit zu verfügen.

...wenn ich nicht arbeiten muss!

Musst du arbeiten?

Ach, Hawk, du stellst alles in Frage! Ja, also nein, ehrlich gesagt müsste ich das derzeit nicht, da ich ja für Liese Pflegegeld bekomme. Aber ich *will das tun*, was ich mir beruflich aufgebaut habe. Es sorgt auf einer ganz tiefen Ebene für Freude und Erfüllung bei mir.

Also ist es deine Entscheidung, richtig?

So gesehen, ja!

Hast du bisher nicht die Erfahrung gemacht, das das Leben dich mit allem versorgt, was du brauchst?

Diese Frage wir schon mal Inhalt unseres Gespräches, Hawk. Ja, es geht mir gut! Doch könnte ich für Liese schon Hilfe gebrauchen.

Hilfe steht dir derzeit über die Förder-Einrichtung, in der Liese betreut wird, zur Verfügung.

Ihre Tagesstätte liebt sie, das stimmt! Vor ein paar Jahren lebte Liese in einer Wohnstätte, jedoch ist ihr dieser Aufenthalt nicht gut bekommen. Wir mussten sie dort wieder herausnehmen.

Es war zu jedem Zeitpunkt immer alles in Ordnung, auch für Liese!

Klingt für mich nicht ganz danach.

Könnte es sein, dass Liese dir ermöglicht zu tun, was du als freudvolle und erfüllte Tätigkeit bezeichnest?

Darauf bin ich auch schon gekommen. Obwohl ich auch schon vorher so etwas wie einen Traum-Job hatte, weshalb Liese (und ich) diese

Wohnstätte aushalten mussten. Nachdem sie wieder bei uns lebte, musste ich meine Arbeitsstelle, die nur in Vollzeit möglich war, aufgeben.

Wolltest du dich beruflich verändern, Regina?

Ja, ich glaube schon. Irgendwie hatte ich das unbestimmte Gefühl noch einmal etwas anderes machen zu wollen. Du hast Recht, Hawk, Liese war der Impuls, mich beruflich neu zu orientieren.

Siehst du, bei genauerem Hinsehen fügt sich alles in seiner vollkommenen Ordnung.

So hat es sich mir nicht gezeigt, Hawk. Die Unterbringung in dieser Wohnstätte brachte zunächst schon Erleichterung für unser Leben, aber da Liese dort Erregungszustände zeigte und angstvolle Verhaltens- und Schlafmuster entwickelte, die sich dann auch an den Wochenenden bei uns zeigten, mussten wir sie dort wieder herausnehmen. Umso schwerer ist es jetzt für mich, das Geeignete für sie zu finden.

Ist das *Geeignete* nicht dort, wo sie jetzt lebt?

Aber sie kann doch nicht immer bei uns bleiben, wir werden schließlich auch älter.

Es geht um das *Jetzt* Regina. Es wird sich dann für Euch das perfekte Lebensumfeld offenbaren, wenn alle dazu bereit sind.

Wir sind noch nicht bereit dafür?

Wäre es so, würde Liese in einer anderen Wohnform leben. So ist das familiäre Umfeld für sie und für euch, *jetzt*, das perfekte. Vertraue dem Leben, Regina und werte es nicht. *Alles, was ist, ist gut, weil es ist!* Diese Aussage hast du in einem deiner Sprüche-Büchlein niedergeschrieben.

Ich weiß. Ach, Hawk, bei dir klingt das alles so einfach.

Das Leben ist einfach!

Aus deiner Perspektive vielleicht.

Wo bist du gerade mit deinen Gedanken?

Also, ich kann mir grad die Zukunft für unsere Familie so gar nicht vorstellen: Unsere Pflegemama kann uns Liese inzwischen nicht mehr abnehmen. So steht jeder Urlaub in Frage, von einer dauerhaften Betreuung von Liese ganz zu schweigen und da sagst du, das Leben wäre einfach.

Im Jetzt ist das Leben einfach. Es gibt nur das zu tun, was getan werden muss. Nur durch dein gedankliches Verweilen in der Vergangenheit oder in der Zukunft entstehen Schmerz, Angst, das Empfinden von Ohnmacht. Du trennst dich von deinem licht- und liebevollen Wesen, von deiner Seele. Ohne einen Gedanken an Vergangenes oder Zukünftiges wärest du ganz hier, vollkommen im Leben, vollkommen glücklich. *Aus dieser Bewusstheit heraus wärest du in der Lage, überhaupt eine Wahl treffen können.*

Hawk, deine letzte Aussage verstehe ich nicht.

Auf der Ebene des Verstandes wird es dir nicht möglich sein, *bewusst* eine Wahl zu treffen. Du triffst auf dieser Ebene immer eine Wahl im Bezug zu deinen bisherigen Erfahrungen oder orientierst dich an einem Ziel, welches dir scheinbare Sicherheit verspricht, geboren aus den energetischen Mustern der Angst. Das heißt du agierst immer auf Grund alter Strukturen und Begehrlichkeiten. So gesehen bist du gefangen in den Netzen deines Verstandes, du bist *unbewusst*.

Was ist zu tun?

Denk an kleine Kinder, die noch vollkommen *gegenwärtig* und authentisch *agieren*. Sie sind in ihrem Erleben von Leichtigkeit und Glückseligkeit geprägt, wenn man sie nicht zu sehr begrenzt. Sie sind sich ihres wahren Wesens noch vollkommen bewusst. Sie sind glücklich! Gegenwärtigkeit ist der Schlüssel zu diesem Glück.

Warte mal, Hawk. Kürzlich habe ich mir einen Spruch von Pablo Picasso notiert: "Als Kind ist jeder ein Künstler. Die Schwierigkeit liegt darin, es als Erwachsener zu bleiben!"

Siehst du, diese Aussage beschreibt die Fähigkeit eines Kindes aus dem Hier und Jetzt heraus vollkommen dem inneren Schöpfer zu vertrauen. Fühlen, Wahrnehmen, ein tiefes Eintauchen in den Moment, eine unbändige Freude und Willenskraft kennzeichnen das Urvertrauen eines Kindes in die Welt und in sich selbst. Der Verstand hat noch keine Kontrolle .

Demnach war Picasso mit diesen Eigenschaften auch in seinem Erwachsenenleben verbunden. "Ich wollte Maler werden und ich wurde Picasso!" - auch eine Aussage von ihm.

Er nutzte sein volles Potenzial auf diesem Gebiet. Als Künstler besaß er innerhalb seiner Schaffensperioden die Fähigkeit, eine innige Verbundenheit mit seinen göttlichen (multidimensionalen) Eigenschaften aufrechtzuerhalten. Er trat sozusagen heraus aus der verstandesmäßigen Komplexität des Lebens.

Also liegt der Schlüssel zum Glück, wieder einmal, im vollkommenen Präsentsein. Habe ich das richtig verstanden?

So ist es. In diesem *bewussten Sein sind dein menschliches und dein göttliches Selbst miteinander verbunden* und du erfährst die Natur deines wahren Wesens, lebendige tiefempfundene Freude, Leidenschaft für das Leben, Schönheit, Balance und Leichtigkeit.

Was ist mit Konfliktherden, Belastungen, Stresssituationen? Sie ziehen mich wie ein Gummiband immer wieder in Leid und Schmerz, Hawk.

Nicht die Umstände sind die Ursache für dein Leid, Regina, sondern dein *innerer Widerstand der Wirklichkeit gegenüber*. Anders ausgedrückt begrenzt du den freien Fluss der Energie. Du verhinderst durch deine Ängste, Sorgen, Vorbehalte..., dass sich das Leben einfach und frei entfalten kann.

Aber ich habe keine Lust mehr darauf, um es mal ganz deutlich zu sagen. Immer dieses Liese-Chaos, ihre häufig schlaflosen Nächte, dieses sich nie sicher sein, was die nächste Nacht, der nächste Morgen bringt, ob wir je wieder entspannt einen Urlaub machen können. Auch Besuche von Freunden, gemeinsames Ausgehen usw. - all das steht ständig in Frage.

Du bist in der Zukunft mit deinen Gedanken, Regina und auf diese hast du keinen Einfluss. Deine Gedanken und die damit verbundenen negativen Gefühle zeigen dir an, dass du dich von deiner inneren Wesensnatur entfernt hast.

Wie kann ich das ändern und vor allem, wie kann ich mehr Frieden und Freude in mein Leben bringen, Hawk?

Deine innere Realität bestimmt die Äußere. Dein Leben ist ein Spiegel deiner Emotionen und diese sind der Ausdruck dessen, was du überwiegend über dich, dein Leben, Liese und ihr Lebensumfeld denkst und fühlst. *Bleibe klar, sei bewusst,* sei nach innen und außen gleichzeitig gerichtet. *Sei achtsam!!!*

Ist deine innere Ausrichtung klar und friedvoll, ist es im Außen ebenso. Triffst du die *bewusste Wahl*, ein harmonisches Leben zu führen, ohne Erwartungshaltung dessen, *wie genau dies auszusehen hat*, kann sich *deine Schöpfungsenergie* entfalten. Lass dich davon berühren, tragen, führen. *Vertraue dir,* deinem göttlichen Selbst, gib dich ihm vollkommen hin.

Zusammengefasst liegt es also an mir, an meinem Innenleben. Fühle ich mich gut, spiegelt sich dies auch im Außen wieder. Ist es so, Hawk?

Aus der *bewussten Klarheit des Augenblicks* heraus wirst du klare und bewusste Entscheidungen bezüglich Liese und deines Lebens allgemein treffen. Du hast die *Wahl*, ob du glücklich oder unglücklich sein willst. Du bist nicht Opfer eines imaginären Schicksals, selbst mit so einem Kind, wie es Liese ist - die, so möchte ich noch einmal betonen, ein vollkommener Ausdruck der Schöpfung ist. Diese Wahl kannst du aber nur im vollkommenen *Gewahrsein* der Wirklichkeit treffen, denn dann bist du *bewusst*, mit deiner wahren göttlichen Wesensnatur vollkommen eins.

Das heißt, es ist gar nicht gut zu hadern, sich schlecht zu fühlen?

Zunächst ist es das, was ist. Deine *Unbewusstheit* lässt es geschehen und aus dieser Unbewusstheit heraus scheinst du *keine Wahl* zu haben. Es sei denn, es ist deine Wahl, unbewusst zu sein und aus dieser Perspektive das Leben zu erfahren. Doch in dem du diese Fragen stellst, öffnet sich die Tür zu deinem göttlichen Wesen. Gib den *Widerstand* auf, den du gegenüber Aspekten deines Lebens aufgebaut hast. Nur dieser Widerstand führt zu den Emotionen von Verzweiflung, Schmerz, Frustration. Nimm wahr, schau dir deinen Schmerz an, ohne dich mit ihm zu identifizieren, doch dann treffe eine andere Wahl: die Wahl, Freude und Frieden als deinen natürlichen Zustand zu leben. *Trete heraus aus der Welt deiner Gedanken*, heraus aus der *Bewertung* dessen, was ist. Schau dir aus dieser Klarheit heraus an, wie sich das Leben entfaltet und du wirst dir deines inneren Friedens gewahr.

Und wenn ich in Frieden und Freude bin, ziehe ich ebenso fried- und freudvolles in mein Leben?

So ist es. Das Leben entfaltet sich als Ausdruck deines Inneren.

Das ist gut, Hawk, zu wissen, dass ich etwas tun kann.

Nicht tun, Regina, *sein*: vollkommenes *bewusstes Sein im Hier und Jetzt.*

Noch einmal: Die Suche nach dem Glück

Hawk?

Müssen wir reden?

Ja, ich habe noch so viel Fragen.

Nun, was möchtest du wissen, Regina?

Warum suchen so viele Menschen ein ganzes Leben lang nach dem Glück, nach einem glücklichen Leben?

Weil sie nach etwas suchen, das es aus ihrer Sicht zu erreichen gilt. Sie wollen von A nach B, von einem unerfüllten zu einem erfüllten Leben. Aber Erfüllung und das Empfinden von Glück ist nicht im Außen zu finden. Es kann nicht durch eine Leistung erreicht werden, nicht durch materielle Dinge, nicht durch einen Partner. Es ist *in* euch, es ist in dir zu finden. *Diese tiefe Quelle der Freude, Glückseligkeit, ist immer da. Das bist du* von deinem wahren Wesenskern her.

Warte mal, Hawk: Ich habe mir kürzlich einen Spruch notiert: "Erstaunlich, wie nahe man seinem Wesenskern als Kind ist...und wie sehr man sich davon entfernt, je mehr man versucht, geliebt zu werden." (aus: Nina George / Das Lavendelzimmer)

Dies beschreibt die vollkommene Gegenwärtigkeit und Authentizität kleiner Kinder. Sie sind nahe an der Quelle, von dir Glückseligkeit genannt. Im Heranwachsen verlieren sie sich in den Fängen ihres Verstandes, im Einordnen, Vergleichen, Urteilen aus der im Verstand geborenen Angst heraus, nicht geliebt zu werden.

Es ist also eine Suche nach dem Paradies der Kindheit, welches aber in dieser Art in meinem Leben gar nicht existierte.

Du suchst wie eine Dürstende die *Quelle allen Seins, die du bist*. Es ist das Gefühl der Abwesenheit dessen, wer du in Wahrheit bist.

Diese Quelle liegt in mir, Hawk? Wie gelange ich dorthin?

Die *Präsenz deines wahren Wesens* zeigt sich dir nur im *bewussten Sein*. Es ist das, was du bist und hier wiederhole ich mich gern immer wieder. *Du bist diese Quelle*, Schöpfer und Schöpfung. Es ist deine göttliche Wesensnatur. Du kannst nicht *dorthin* gelangen, sondern du wirst nur *in ihr präsent sein*, wenn du dies *zulässt*.

Erkläre mir das genauer!

Diese Quelle, der Ursprung allen Seins, *liegt in dir*! Es ist dein göttliches Bewusstsein, auch *Seelenbewusstsein* genannt. Die Identifikation mit deiner Person und deiner Geschichte, die du über dein Leben erzählst, verhindert das Einssein mit dieser Quelle. *Du bist es, die das Tor dorthin verschlossen hält und so bist auch du es, die dieses Tor wieder öffnen kann.* Dies kann nur geschehen durch *Hingabe* an das Leben, durch *zulassen*, d.h. dem Leben Raum zu geben, ohne es durch Vorbehalte und Widerstand zu begrenzen.

Was ist dann mit meinen Zukunftsplänen?

Hast du nicht schon viele Pläne gemacht und diese dann wieder verworfen, weil du festgestellt hast, dass sich Situationen anders entwickelt haben, als erwartet?

Ja, stimmt genau. Gerade in meiner beruflichen Tätigkeit verändert sich alles permanent.

Das Leben ist nicht in allen Aspekten seines Ausdrucks planbar. Es wird dich immer überraschen. Vertraue dich ihm an, fließe mit ihm. Agiere so, wie es dir jeweils angemessen erscheint und bleibe weich, offen, neugierig. Sei präsent, halte bewusst inne, *bleibe mit deiner Aufmerksamkeit in der Gegenwart, dann bist du nah an der Quelle,* dann bist du glücklich.

Dieses *Gefühl des einfach Da-Seins,* das erlebe ich immer, wenn ich mit meiner Enkeltochter Alaiya zusammen bin. Sie lässt mich die Welt voller Staunen aus ihrer kindlich-neugierigen Sicht erleben. Dieses kleine Mädchen rührt wirklich an meiner Seele, löst Empfindungen puren Glücks in mir aus.

Sie hält dich im *Jetzt,* Regina. Das ist es, was kleine Kinder vermögen, das ist ihr Wesen. Alaiya zeigt dir, wer du wirklich bist. Sie hilft dir, dich zu erkennen, das *Wunder des Lebens* anzunehmen. Sie weist dir den Weg der vollkommenen Annahme des Lebens, denn nichts anderes ist es, wenn Wertung und Identifikation wegfallen.

Aber Kinder sorgen sich noch nicht, sie tragen ja noch keine Verantwortung.

Es gibt nichts zu tragen, Regina. Diese sorgenvollen Gedanken entspringen der Angst: sie knüpfen an die *Vergangenheit an* - bestimmte Erfahrungen zu vermeiden oder verweilen in der *Zukunft* - auf ein bestimmtes Ziel hinzuarbeiten, welches möglichst sicher und vorhersehbar sein soll. Doch auf beides hast du keinen Einfluss, weder auf die Vergangenheit, noch auf die Zukunft. Lass den *Augenblick* in dich hineinfließen, lass dich führen, *lass dich tragen vom Leben, so wie es sich aus dir heraus entfaltet.*

Wie ist es zum Beispiel bei einer beruflichen Orientierung. Diese kann ein ganzes Leben prägen.

So?

Also, es ist schon entscheidend, in welche Richtung ich mich beruflich entwickeln werde, welche Stationen ich dabei nehme usw..

Nun, du triffst aus dem jeweiligen Moment heraus eine Entscheidung. Diese wird von dir positiv bewertet und du bewegst dich in diese Richtung. Ich möchte jedoch darauf hinweisen, dass das Leben *Veränderung* bedeutet, Wachstum, Ausdehnung, es ist niemals statisch. Also kann es sein, dass die Entscheidung an einem anderen Punkt deines Lebens von dir nun als negativ bewertet wird. Diese Situation, deren Umstände einst so positiv schienen, macht dich jetzt unglücklich. Der ehemalige Traum-Job grenzt dich in deinem Selbstausdruck ein, hält dich gefangen in Arbeitsrhythmen, die dir nicht gut tun usw. Aus der Wahrnehmung dieser negativen Emotionen heraus gilt es, eine neue Wahl zu treffen, sich ganz bewusst neu zu orientieren. Welche Wegweiser benutzt du dabei, Regina?

Es geht da lang, wo es sich gut anfühlt - wo sich, wie von selbst Türen öffnen.

...und diese Schritte ergeben sich nur aus der vollkommenen *Präsenz in der Gegenwart*. Da gibt es keine Last, kein Tragen. Da ist nur das, was ist. Es führt dich, es trägt dich, Regina, wenn du es, aus einer *bewussten Klarheit* heraus, zulässt.

Ach, Hawk, du bist wunderbar!

So sehe ich das auch, Regina. Du und ich sind eins, erinnerst du dich noch?

Ja, stimmt. Ich erinnere mich!

Ich wollte dich wissen lassen, wie wunderbar du bist!

Ich sehe dich regelrecht schmunzeln.

Stimmt genau!

Danke, Hawk.

Liebe und Partnerschaft

Hawk, wir müssen reden.

Gut, reden wir.

Ich liebe es, mich mit dir zu unterhalten. Es ist ein Gefühl innigster Vertrautheit.

Na endlich!

Was endlich?

Deine Worte sind ein Ausdruck deiner *Selbstliebe*.

Wirklich? Du gibst mir das Gefühl von uneingeschränkter Annahme und Wertschätzung.

Du und ich sind eins, Regina.

Ich weiß, das sagtest du bereits, aber es fällt mir schwer, diese Vorstellung aufrecht zu erhalten.

In deinem Inneren weißt du, wer du bist, trinkst du aus der Quelle der Liebe, spürst das Eins-Sein mit Allem. Du nimmst einen großen Teil deiner, von dir selbst erschaffenen Begrenzungen wahr, deshalb bist du nah an der Quelle, nah bei mir, nah daran, dich vollkommen anzunehmen und zu lieben, so wie du bist. Die Worte, die du von mir als Hawk aufnimmst, sind Ausdruck dessen, was du Seele nennst, dein wahres Wesen, deine innere göttliche Präsenz, deine Ur-Natur, reine bedingungslose Liebe.

Es geht mir im Moment besser, wenn ich dich personifiziert betrachten kann.

Das ist in Ordnung und danke für deine Vertrauensbezeugung.

Also sind wir doch zwei, nicht Eins.

Wir sind beides: Zwei und Eins. Beides ist wahr. Beides ist das, was im Moment, aus deiner Sicht, so ist.

...und alles, was ist, ist gut! Ich erinnere mich.

Weißt du, Hawk, dass es mir sehr schwer fällt, Liebe einem Menschen gegenüber in Worten auszudrücken.

Nun, es gibt viele Ausdrucksmöglichkeiten für Liebe und Wertschätzung.

Also, ich bin inzwischen nicht mehr so sehr um Worte verlegen, aber *diese Worte* gehen mir nur ganz schwer über die Lippen. Wieso ist das so?

Alles, was du nicht auf ganz natürliche Weise vom ersten Tag deines Lebens an verinnerlicht hast, bleibt dir so lange verborgen, bis du dir dessen bewusst bist.

Also gehen diese Erfahrungen auf die erlebte Kindheit zurück, Hawk?

Viele deiner Verhaltens- und Denkmuster basieren darauf. Bezüglich deiner Kindheitserfahrungen gibt es nur eines zu sagen: Alle Eltern tun immer das, was ihnen zum jeweiligen Zeitpunkt möglich ist. Zumeist ist es die erweiterte Kopie dessen, was sie selbst erfahren und erlebt haben.

Meine Eltern konnten auf Grund ihrer beruflichen Situation nicht in vollem Umfang für uns Kinder da sein. Und gerade die ganz frühe Kindheit haben wir bei den Großeltern, später in einem Wochenkindergarten verbracht. In dieser Einrichtung gab es weder Umarmungen, noch Zärtlichkeit. Empfindungen wie Geborgenheit und Nestwärme gab es nicht in mir. Wenn ich nun sehe, wie mein Enkelkind aufwächst, so voller körpernaher Liebe und Wertschätzung...

Deine Eltern sind das Abbild dessen, wie Liebe und Geborgenheit in Ihrer Kindheit und Jugend gelebt wurde. Liebe in Worten und Umarmungen gegenüber Kindern auszudrücken war in ihrer Zeit nicht üblich.

Die Generation deiner Kinder durchbricht gerade dieses Muster. Sich körpernah zu begrüßen oder zu verabschieden, wann immer man einander begegnet, ist Ausdruck dieser natürlichen Wertschätzung des Anderen.

Das stimmt. Auch bei uns ist das inzwischen so, im Freundeskreis, in manchen Teams auch unter Mitarbeitern. Aber selbst dieses `Herzen und Liebkosen` fiel mir äußerst schwer und ich habe anfangs direkt eine körperliche Abwehrreaktion gespürt.

Und, Regina, wie ist es heute?

Manchmal habe ich sogar das Bedürfnis einen Menschen zu umarmen, mit dem ich schöne Stunden geteilt habe oder der mir sein Vertrauen geschenkt hat.

Es ist ein natürliches Bedürfnis, Wertschätzung, Zuneigung und Liebe auch über den Körper auszudrücken. Bei ganz kleinen Kindern geschieht das auf ganz spontane Weise, da es dort keine *Geschichte* hinter dem Individuum gibt.

Welche Geschichte meinst du, Hawk?

Der erwachsene Mensch betrachtet alles vom Standpunkt seiner Geschichte: Ist diese Geschichte von Angst geprägt, z.B. etwas falsch zu machen, sich zu sehr zu offenbaren, oder aus Konditionierungen heraus wie etwa: Das gehört sich nicht!; Das Leben ist unvorhersehbar, also halte dich besser zurück!; Grenze dich ab, so kannst du nicht enttäuscht werden!... oft Prägungen der Kindheit, dann entsteht eine gewisse Abwehrhaltung bei zu viel empfundener Nähe.

Es ist eine Frage des Vertrauens, nicht wahr?

Vertrauen in die eigene Gott-Natur, Liebe!

Selbst in meiner Partnerschaft musste ich lernen zu vertrauen, jedoch gibt es in mir immer noch wunde Punkte. Was kann ich tun, Hawk?

Erlaube dem Leben, sich durch dich zu entfalten. Schau einfach, was passiert in deiner Partnerschaft, in den Beziehungen zu Kindern, Freunden, Fremden. *Bleibe im Jetzt*, ohne deine Geschichte. Probiere dich aus, lass geschehen, ohne zu werten. Öffne dich *innerhalb deiner Möglichkeiten* und es werden sich dir zunehmend mehr Gelegenheiten bieten, dein gewonnenes Vertrauen in diese Erfahrungen zu stärken. Bleib bei dir, bleib in der Liebe, dann wirst du Liebevolles erleben.

Ich habe einen wundervollen Mann. Ich sage gern: Mein Fels in der Brandung.

Dies ist ein schönes Bild dafür, dass dein Mann sich überwiegend in Schwingungsharmonie mit seiner Seelennatur befindet.

Sein überwiegender Zustand ist mit Sicherheit der von innerer Balance und Wohlbefinden. Doch trotz allem wünsche ich mir seinerseits manchmal mehr Unterstützung oder überhaupt eine sensiblere Wahrnehmung meiner Gefühlswelt.

So wie er sich dir gegenüber verhält, ist er ein guter Lehrmeister für dich.

Was ist er?

Nun, du hast richtig gehört Regina. Wozu führt denn sein Verhalten, dir gegenüber, also das, was du als `Ich wünsche mir mehr Unterstützung` bezeichnest?

Es führt dazu, dass ich den Eindruck nicht los werde, dass ich mich immer selbst aus dem Dreck ziehen muss, in vielerlei Hinsicht, nicht in jeder!

Dein Er-Leben innerhalb deiner Partnerschaft spiegelt dir dein inneres Licht, deine Liebe, aber auch deine dunklen, unerlösten Seiten. *Deine innere Seelenlandschaft verkörpert sich im Au-*

ßen. Der Dreck, wie du es nennst, ist die *Identifikation mit den Umständen* und diese führt bei dir zu Frustration und Leid. Es ist jedoch die Intention deines wahren Wesens, deiner Seele, *Wohlwollen, Mitgefühl und Liebe* in dir wahrzunehmen und zu leben. Niemand anderes kann diesen Weg für dich gehen, deine Wunden heilen, deine inneren Konflikte lösen, *als du selbst*. Niemand, auch (und vor allem nicht) dein Mann. Er verhält sich in einer Weise, die dir Hilfestellung sein kann: Er bleibt in der hohen Schwingung seiner Seele und lässt sich nicht in die Schwingungsfrequenz deines Schmerzes hineinziehen.

Gott, das klingt jetzt aber hart!

Gott ist gut (schmunzeln, lachen!)!

Ich selbst bin die, die sich Schmerz und Leid im Inneren, durch meine Gedanken, meine Wertung, erschaffen hat. Und nun...?

...und deshalb bist du es auch, und nur du, da du *der Schöpfer von Leid und Schmerz* bist, der diesen Dreck, wie du es bezeichnest, auch wieder beseitigen kann. Dein inneres Schmerzfeld ist solange aktiv, bis du bereit bist, dich auf den Weg des Loslassens (von Leid und Schmerz) zu begeben. Letzten Endes ist dies nur ein Loslassen deiner Geschichte oder auch anders ausgedrückt: ein *Zulassen der darin gebundenen Emotionen*, die *Wahrnehmung dessen, was ist* vor dem Hintergrund des immer *vorhandenen tiefen Friedens*. Damit transformierst du den Schmerz. So gesehen lebst du in einer perfekten Partnerschaft.

So gesehen...

In deinem tiefsten Inneren existiert dieses Wissen um deine wahre Wesensnatur: *bedingungslose Liebe, Glückseligkeit, Freiheit und Selbstausdruck*. Es ist dein Wunsch, dies zum Ausdruck zu bringen. Nur in der *vollkommenen Hingabe an das Leben*, durch die Präsenz im Augenblick, nur dort findest du, was du suchst, dein göttliches Selbst, deine *wahre Wesensnatur, Liebe*.

Aus dieser Sicht scheinen wir füreinander bestimmt.

Zum jetzigen Zeitpunkt lebst du in einer perfekten Verbindung, Regina.

Zum jetzigen Zeitpunkt? Was willst du mir damit sagen, Hawk?

Alles spielt sich immer nur im *Hier und Jetzt* ab und diese Wirklichkeit, dieser Augenblick ist immer in seiner Erscheinung vollkommen.

Das habe ich verstanden. Aber was bedeutet das nun für meine Beziehung?

Nun, hier geht es nur darum, welche *Wahl* du triffst! Ist es Liebe, Vertrauen, Mitgefühl, Wertschätzung und Hingabe, oder wählst du Angst, Vorbehalte, Vorurteile, (Selbst-)Zweifel. Ersteres lässt dich das Leben im Jetzt aus der Quelle deines wahren Wesens heraus erleben, ohne ein Urteil, ohne eine Wertung. Bei Letzterem bist du in der Identifikation mit der dinglichen Welt, mit deinem Ego, der auf der Verstandesebene reduzierten Perspektive. Durch *Bewusstheit* kannst du lernen, die jeweilige *Perspektive* zu erkennen und sie nötigenfalls zu ändern.

Hawk, wenn ich dich richtig verstehe, geht es dann wohl um die vollkommene Annahme des Partners, so wie er ist. Oder nicht?

Vor allem geht es um *Selbstliebe*, Regina. *Alles was du bist, warst und immer sein wirst ist Liebe.* Nur, du hast es vergessen und die meisten Menschen versuchen eben durch eine Partnerschaft diese vergessene Liebe im Partner (wieder-) zu finden. Jedoch ist dies nicht möglich, der Grund für so viele Trennungen, denn die partnerschaftliche Liebe ist (noch) immer an Bedingungen geknüpft, da sie auf der Ebene der Identifikation mit der Person, mit der individuellen Geschichte agiert. Die Quelle der einzig nährenden Liebe liegt *in dir*. Sie ist still, tiefgründig, rein, bedingungslos. Diese Liebe findest du nicht im Außen über Dinge und Personen.

Aber warum gehen wir denn dann eine Liebesbeziehung ein?

Eine *vollkommene Liebesbeziehung* bringt das wahre Wesen der jeweiligen Partner stärker ans Licht. Sie nähren sich nicht *aneinander*, sondern trinken aus derselben Quelle. Sie lässt Raum für die Präsenz der Seele. Sie lässt alles zu, was sich zeigt, ohne Wertung. Sie lässt die Verschmelzung mit der Quelle, der allumfassenden Liebe geschehen, ohne die Identifikation mit der eigenen Person oder der des Partners.

Deine Worte berühren etwas in mir, Hawk!

Du erinnerst dich, Regina. Du öffnest dich für die Berührung durch dein göttliches Selbst.

...und es bringt mich fast zum Weinen.

Es ist die Erinnerung an deine wahre Wesensnatur, allumfassende Liebe, welche dich auf dieser tiefen Ebene berührt.

Und eine solche, vollkommene Liebesbeziehung ist möglich?

Eine wirkliche Liebesbeziehung ist eine *Begegnung mit dir selbst*, über den Partner. Da du von deinem wahren Wesenskern her Liebe bist, so wie dein Partner auch, begegnest du im Grunde genommen der *Liebe selbst, die du bist.*

Das hast du wundervoll formuliert, Hawk: Ich begegne der *Liebe selbst, die ich bin.*

Noch einmal: Du erinnerst dich.

Es bringt etwas zum Klingen in mir.

Es ist der *Klang deiner Seele*, Regina.

...meine Seelenschwingung, deren Ausdruck du gerade bist.

So ist es.

Der Klang meiner Seele: eine Schwingung von Vertrautheit, Wohlgefühl und Selbsterkenntnis.

Ein Klang von alles umfassender Liebe, Regina.

Wie berührend. Danke, Hawk.

Alltag

Hawk, wir müssen reden!

Reden wir, liebe Regina.

Da gibt es noch einige zu klärende Aspekte zum Thema: Liebe

Nun, was ist dir unklar?

Die größte Herausforderung sehe ich im Alltag - das, was ich gern als Funktionieren bezeichne: Dinge die getan werden müssen, Verpflichtungen gegenüber meiner Familie, meinen Mitmenschen, berufliche Vorgaben usw. . Wie kann es gelingen dabei in vollkommener Liebe sein?

Ohne Wertung gibt es immer nur das zu tun, was getan werden muss, immer nur das Nächstliegende. Ohne *Identifikation mit der Situation, mit deiner Geschichte*, mit dem, was du als Alltag bezeichnest, entsteht Leichtigkeit, liebevolle Präsenz. So kannst du Raum lassen für diese

Präsenz, die immer da ist. Worte können dies nur schwer ausdrücken. Der Raum deines wahren Seins, existiert vor deinem Verstand, vor deinen Sinneswahrnehmungen und Gefühlen. *Du bist dieser Raum, den du suchst.*

Also das hilft mir nicht unbedingt, wenn der Alltag mal so richtig zu schlägt, wenn die Zeit und Kraft für das, was zu tun ist nicht auszureichen scheint, wenn ich schon früh das Empfinden habe, den Tag nicht bewältigen zu können. Und dann gibt es noch die Tage, wo ich mich manchmal regelrecht verliere, wo alles farb- und kraftlos bleibt und stereotyp abläuft.

Im Grunde hast du das schon gut ausgedrückt, Regina. *Du verlierst dich* und ich ergänze nun: in deinem *personifiziertem Ich*, deiner jeweiligen Rolle als Mutter, Partnerin, Tochter ... auch als Verteidigerin deiner Vorstellungen, Werte, Glaubensmuster. Du erliegst dem *Trugbild der Geschichte*, die du ununterbrochen in Gedanken über dich, dein Leben, deine Mitmenschen erzählst. Dies bindet zudem permanent Energie, was zu deinem von dir beschriebenem Zustand von Kraft- und Freudlosigkeit führt. Deine gedankliche, häufig unbewusst ablaufende Interpretation des Lebens zieht dich weg von dir selbst, von deiner natürlichen Fähigkeit, *die Schönheit des Augenblicks wahrzunehmen*.

Heißt das, ich muss mich permanent in so eine Art meditativen Zustand begeben?

Es ist nicht das Tun, es ist das *Sein*. Erlebe dich, wie du Liese betreust, die Wäsche bügelst, die Nahrung zubereitest, dir die Zähne putzt usw. Sei ganz da. Wenn du dies mit einem meditativen Zustand meinst, nun, dann ist es genau das. *Sei ganz präsent ohne die permanent ablaufende Geschichte des Überlebens, eine Geschichte, die dich einmauert, begrenzt, gefangen hält.*

Hawk, ich bin gedanklich gefangen?

... in den dich umgarnenden Fäden deiner Geschichten. Sie spinnen dich ein, halten dich fest in der Illusion von Dunkelheit und Trennung. Du kannst den Himmel nicht sehen, weil du das Licht scheust, weil du Angst davor hast.

Gefangen in einer Geschichte, in der es ums Überleben geht? Hawk, erkläre mir das!

Es ist dein personifiziertes Ich, die Perspektive deines Ego, welches alles in Bezug zur Vergangenheit analysiert, vergleicht, bewertet, einordnet... und dies auf der Grundlage der Angst, welche immer aus dem *Überlebensaspekt* heraus agiert, nämlich die Zukunft so sicher, wie möglich zu machen. Trete heraus aus dieser Scheinwelt. *Geh aus dem Weg*, lass dein höher schwingendes weises Selbst herein, vertraue, spüre, nimm wahr *und lass zu!*

Was, Hawk, was soll ich zulassen?

Es wird dir nicht gelingen, dies über deinen Verstand zu erfassen. Es geht über alles Bekannte hinaus, Regina. Öffne das Tor, lass Licht herein, das Licht, welches Du bist, Regina! *Erhelle dein Sein mit der Leuchtkraft deiner Seele.*

Gut, aber hilft mir das?

Es lässt dich *leben*, ein wahres und intensives Erleben dessen, *was ist*. Es verkörpert die Ruhe im Sturm, das wärmende Feuer in eisiger Nacht, die Oase in der Wüste, den kühlenden Regen nach einem heißen Tag, um Bilder sprechen zu lassen. Oder anders ausgedrückt: du spürst die *allumfassende Liebe,* in der du dich wieder erkennst.

Also ganz tief empfundener liebevoller Frieden?

Sicher kann man dies auch so beschreiben. Jedoch reichen Worte nicht aus, denn auch *Worte erschaffen ein individuelles Bild*. Die vollkommene Präsenz öffnet den Zugang zu dem großen Raum, die allumfassende Stille, das All-Eine ... zu diesem liebevollen Frieden, wie du es bezeichnest und in dieser Präsenz liegen Leidenschaft, Wohlwollen, Wertschätzung und Kraft.

...eine Kraft, die ich aus meiner Seele schöpfen kann?

Eine Kraft, die immer da ist. Zudem vergeudest du keine Energie mit Gedanken, die dich von der Wirklichkeit weg ziehen. So steht dir diese Energie in ihrem vollen Umfang zur Verfügung.

Das ist schon schwer zu verstehen, Hawk.

Wie ich schon sagte, du kannst dies nicht über deinen Verstand erfassen, Regina.

Ja, ich weiß schon. Vor einigen Jahren habe ich einmal einen Zustand im Urlaub erlebt, mitten in der Nacht. Er war einfach so da, ganz plötzlich und ich kann es nur so beschreiben: Ich hätte vor Freude platzen können. Also eine Art Glückseligkeit, die einige Stunden anhielt, einfach so. Später ebbte dieser Zustand dann wieder ab, auch einfach so, ohne äußere Ursache jedenfalls.

Nun, dies war ein tiefe Erfahrung der vollkommenen Verbundenheit mit deiner göttlichen Wesensnatur.

Aber wie kann ich wieder dorthin gelangen? Wie kann man diesen Zustand erreichen, Hawk?

Es gibt nichts zu erreichen, denn dann bist du wieder in der Leistung, im Tun. *Dieser Zustand* der Glückseligkeit, wie du es bezeichnet hast, *findet dich*, nicht umgekehrt.

Ich kann also nichts dafür tun?

Du hast doch auch in diesem Urlaub nichts dafür getan, oder?

Das stimmt! Es war eine unglaublich intensive Erfahrung, eine Art dauerhafter Glückszustand - einfach so.

Es ist einfach, ohne irgendetwas, dass dem vorangegangen sein muss. Es umfasst mehr, als Verstand und Sinneswahrnehmungen dir vermitteln könnten.

Also gibt es da auch keine speziellen Techniken, Übungen... so etwas eben, dass einem diesen Zustand leichter ermöglicht?

Gibt es nicht. *Es ist das Sein*, vollkommen präsent zu sein *in der Gegenwart* - nicht um diesen Zustand zu erreichen, sondern um das Leben in all seinen Ausdrucksformen in jedem Augenblick zu genießen. Ohne eine bestimmte Erwartungshaltung, ohne deinen permanenten inneren Dialog bist du offen und empfänglich für die Erfahrung dessen, was nicht zu beschreiben ist, für die tiefempfundene Glückseligkeit, die keine Worte benötigt, für die vollkommene Ruhe, die einfach ist.

So einfach ist das, Hawk?

So einfach, liebe Regina!

Es tut gut, deine Präsenz und Liebe zu spüren.

Vergiss nicht, du und ich sind Eins, Regina.

Hm. Ich vergesse so leicht.

Erinnere dich daran, so oft es dir möglich ist.

Das werde ich versuchen. Danke, Hawk.

Verlust

Hawk, wir müssen reden.

Was hast du auf dem Herzen, Regina?

Ich habe irgendwie immer das Empfinden eines Verlustes in mir - ja, so würde ich das ausdrücken. Etwas, das mir zu fehlen scheint, dass mich nicht vollständig sein lässt.

Kannst du mir das noch näher beschreiben?

Also da ist so eine Art tiefe Einsamkeit, verbunden mit Traurigkeit, vielleicht auch eine Art nicht dazu zu gehören, sich selbst nicht zu kennen, kein Nest zu haben. So genau beschreiben lässt sich das gar nicht. Zunächst habe ich geglaubt, es hinge mit dem frühen Tod meiner Großmutter zusammen, zu der ich eine sehr enge Bindung hatte und deren Tod damals für mich als sehr junges Mädchen aus heiterem Himmel kam. Ihr Tod war mit einem unsagbar starken Schmerz verbunden - eine tiefgreifende Erschütterung meines Vertrauens in Gott, in das Leben, in die Welt der Erwachsenen, in mich selbst.

Zunächst?

Ja, aber bei genauerer Betrachtung erinnere ich mich, dass ich dieses Empfinden im Grunde schon ein Leben lang in mir trage, zumindest solange ich denken kann. Vielleicht liegt es ja auch an unserem Aufenthalt im Wochenkindergarten, einsam, als Teil einer Kindergruppe, angstvolle Nächte mit einem Gefühl des Verlorenseins, Begrenzungen und Zwänge, die jegliche kindliche Neugier und Spontanität erstickten, verbunden mit einer permanenten inneren Wachsamkeit, nur nicht herauszufallen aus der vorgegebenen Konformität.

Aber ich werde den Eindruck nicht los, dass dies ebenfalls nicht die alleinige Ursache für mein diffuses Empfinden ist, nie ganz richtig zu sein in diesem Leben.

Die frühen Erfahrungen deiner Kindheit spielen eine große Rolle dabei, wie sicher, wie geborgen du dich fühlst in diesem Leben, wie zufrieden du mit dir selbst bist. Eine innige liebe- und verständnisvolle Bindung in der frühen Kindheit, die geprägt ist von Achtung und Wertschätzung, von der umfassenden Wahrnehmung der kindlichen Bedürfnisse ist die Grundlage dafür. Jedoch gibt es noch einen anderen Aspekt deines Selbst. Wie schon so häufig angesprochen, Regina, ist es die *Präsenz deines wahren Wesens.*

...und was hat das mit meinen Gefühlen der Einsamkeit zu tun?

Es ist eher als Trennung zu bezeichnen.

Trennung, wovon? Die Endgültigkeit der Trennung beim Tod meiner so sehr geliebten Großmutter, der Trennungsschmerz eines verlassenen Kindes?

Wie ich schon sagte sind diese Erfahrungen ein nicht unwesentlicher Aspekt für dein Empfinden. Solche Prägungen können dein ganzes Leben nachhaltig beeinflussen, wenn du in der *Geschichte* des verlassenen Kindes bleibst.

Also durch die Identifikation mit meiner Geschichte empfinde ich so?

Nicht nur aus dieser Identifikation heraus, sondern auch, und vor allem aus der *empfundenen Trennung* von *allem, was ist*.

Die Trennung von Gott?

So ist es. Es ist das Gefühl der Abwesenheit dessen, wer du von deiner wahren Natur her bist: Gott, das All-Eine, die Quelle, der Schöpfer, vollkommene Liebe, universelles Bewusstsein... - wie auch immer du es nennen magst. Es ist die empfundene Trennung, die dir das Gefühl eines Verlustes vermittelt, verbunden mit der tiefen Sehnsucht, wieder Eins zu sein.

Ein Trennungsschmerz also, ein Nicht-Verbunden-Sein mit der Quelle, meinem Ursprung. Wenn dieser glückselige Zustand in meinem Urlaub nur ein Hauch davon war, dann kann ich diese Sehnsucht in mir verstehen.

Diese empfundene Trennung, sie ist nicht existent. Im Grunde allen Seins ist alles mit allem verbunden. Es gibt keine Trennung. Sie wird nur aus deiner begrenzten Wahrnehmung heraus für wirklich gehalten.

Ich verstehe langsam: Wenn ich alles bin, was ist, ist jeder Mensch, alles was diese Welt ausmacht, alles was Leben ausmacht, in allem enthalten.

Das Leben, die Schöpfung kommt und geht, wird von der Quelle hervor gebracht und geht wieder in diese zurück. Die Quelle lässt es geschehen und du bist, wie alles, Teil dieser Quelle und die Quelle selbst.

Also ich kann dir folgen, glaube ich. Aber wie werde ich diesen Schmerz, dieses Empfinden des Verlustes, diese Traurigkeit, die mich manchmal erfasst, los?

Nimm dein Menschsein in diesem Schmerz, in deiner Traurigkeit wahr, jedoch identifiziere dich nicht damit. Bleib im Sein, nicht in der Geschichte des Verlustes, der empfundenen Trennung. So wirst du erleben, wie der Schmerz kommt, wie er sein darf und eben auch wie er als Teil deines So-Seins integriert und damit in seinen natürlichen Zustand zurückgeführt wird.

Das heißt, ich empfinde dann nicht mehr so?

Es heißt, dass du nicht mehr diesen Empfindungen *anhaftest*. Sie dürfen sein, sie dürfen empfunden werden, aber sie sind nicht Du. Sie sind Teil deines Er-Lebens, emotionaler Ausdruck des jeweiligen Augenblicks, nicht mehr und nicht weniger.

Und wie kann ich dieses Gefühl des Zu-Hause-Seins, des Angekommen-Seins, der Verbundenheit mit der Quelle erreichen, also das Gegenteil meiner Empfindungen, das was mich stabilisiert, mir Halt gibt?

Nicht erreichen, *zulassen,* Regina. Öffne dich dem Leben in all seinen Ausdrucksformen. *Hingabe* ist ein gutes Wort dafür. Sei achtsam, ganz bewusst in der der Wirklichkeit. Fühle, nimm wahr, dehne dich aus, dann wird dieses Empfinden des Zu-Hause-Seins, wie du es bezeichnest, präsent sein. Es ist immer da, immer!

Ich verstehe, Hawk: Ich muss mich, als Person mit meiner Geschichte, verlieren, um *mich*, mein wahres Wesen, zu finden?

Nicht muss und nicht finden. Wenn du soweit bist, wird es geschehen. Da gibt es niemals ein

Muss, es ist eher als eine Entdeckung zu sehen. *Entdecken, dass es da nichts zu finden gibt. Es ist schon immer da.* Ansonsten hast du das wunderbar ausgedrückt, liebe Regina.

Ich erinnere mich an einen Zustand während eines Klinikaufenthaltes über mehrere Tage, bevor Liese geboren wurde. Ich musste wegen Komplikationen ins Krankenhaus, wenige Tage vor Weihnachten. Mein Mann und meine anderen beiden Kinder (gerade mal dreieinhalb und zwei Jahre alt) blieben mit Windpocken zu Hause. Sie mussten diese besondere Situation ganz allein bewältigen. Ich weiß noch, dass im ersten Moment so etwas wie Panik in mir hochstieg, aber das wenige Stunden später ein Gefühl des *tiefen Friedens* über mich kam, die ganzen Tage bis Liese, viel zu früh, geboren wurde. Obwohl ich Heilig-Abend nicht mit meiner Familie zusammen sein konnte und selbst als ich Liese zunächst in der Klinik zurück lassen musste, hat mich dieses Gefühl mich auch noch Tage danach regelrecht getragen. Es schien einfach alles in Ordnung, Hawk.

Siehst du, wie das Leben dich trägt, wenn du es zulässt?

Das stimmt. Merkwürdiger Weise hatte ich gerade, und bisher das einzige Mal, alle Weihnachtsgeschenke schon vorbereitet und eingepackt. Ich weiß auch noch genau, dass ich in einem Sechs-Personenzimmer gelegen habe, alles werdende Mütter mit Schwangerschaftskomplikationen, nicht gerade die perfekte Umgebung für die Weihnachtszeit, aber irgendwie war da eine Kraft, ein so tiefer Frieden, dass ich weder ein Zeit- noch Raum-Empfinden hatte und ja, ich fühlte mich an diesem Ort einfach richtig, genau dort, verstehst du? Diese unglaublich tiefe Ruhe in mir, das hatte ich so noch nie erlebt. Meinst du das, wenn du sagst, im Jetzt zu sein, im gegenwärtigen Moment vollkommen präsent zu sein?

Das ist ein wundervolles Beispiel für den Zustand der Gedankenstille, der Verschmelzung mit dem Leben, ohne Fragen, ohne Wertung, ohne eine Geschichte.

Und da ist dann nur Frieden, Ruhe, ein tiefes Angekommen-Sein.

...im Jetzt.

Das Leben - es berührt, aber verletzt nicht. So würde ich diesen friedvollen Zustand beschreiben.

Es ist die lebendige Ruhe vor den Gedanken, Emotionen, Handlungen. Diese Erfahrung zeigt dir, wie jeder Augenblick in seinem Ausdruck immer vollkommen ist, wenn du dich ihm bewusst öffnest.

Das stimmt. Wie tröstlich und wie einfach. Vergiss nicht...

Ich weiß schon: Du und ich sind Eins.

So ist es. *Schön, dass du da bist*, Regina.

Ich, mein Seelen-Selbst mit mir, meinem menschlichen Selbst - noch immer eine schwierige Vorstellung.

Vertraue dir. Du bist das Licht, das du suchst.

Danke, Hawk.

Warum wählen wir ein Leben auf dieser Erde?

Hawk, wir müssen reden.

Reden wir, liebe Regina.

Wenn es keinen Sinn des Lebens gibt, nichts zu erreichen, nichts Bestimmtes zu sein. Wenn es statt dessen Trennungsschmerz, Angst, Verzweiflung, Traurigkeit - natürlich auch Freude gibt. Warum leben ich dann? Warum will ich überhaupt Menschsein? Was ist es, dass mich zu einer solchen Entscheidung geführt hat? ...oder gibt es gar nicht eine derartige Entscheidung meines Seelen-Bewusstseins?

Dein inneres Wesen, diese allumfassende Präsenz, `schaut` sich das Leben durch dich an, durch dein Mensch-Sein. Man könnte auch sagen: Gott erlebt sich durch dich. Du prägst die Schöpfung durch dein Leben, dein Sein.

Aber es scheint mir, also insgesamt gesehen, so sinnlos. Leben ohne ein bestimmtes Ziel, ohne z. Bsp. Gutes zu tun, ohne zu forschen, zu inspirieren, zu heilen, etwas zu hinterlassen...

Da gibt es keinen Sinn.

Warum wählen wir dann ein Leben auf dieser Erde? Was ist der Grund dafür, Hawk?

Weil du dir als Quelle dieses Leben ermöglichst. Das, was die Menschen als Gott, das All-Eine, ewiges Sein, Spirit, Schöpfer ...bezeichnen, lässt es kommen und gehen.

Aber wozu das alles. Mir kommt es vor wie eine Spielwiese, auf der sich die Menschen austoben dürfen und die am Abend wieder verlassen da liegt, als wäre nichts geschehen.

Ein schönes Bild. Eine Wiese, voller Energie und Liebe mit Menschen gefüllt und am Abend tiefe Ruhe. Ruhe, die immer schon da war, auch als viele Menschen hier gespielt, getobt, gelacht, geweint haben. Ruhe, die immer da war, Leben vor dem Hintergrund der Ruhe.

Warum der ganze Aufwand?

Es gibt keinen Sinn hinter dem Leben, nur den des Lebens selbst.

Was? Das verstehe ich nicht. Warum gebärt dann eine Mutter ein Kind, Hawk?

Nun, warum?

...als ein Ausdruck der Liebe zu ihrem Partner? Möglicherweise will sie das Muttersein, die Liebe zu ihrem Kind erfahren. Sie möchte dieses Kind aufwachsen sehen, es nähren, mit ihm spielen, sicher auch die Erfahrung einer Familie genießen. Vielleicht spielt auch der Gedanke, im Alter dieses Kind, wiederum mit Nachkommen an ihrer Seite zu haben, eine Rolle... Also da gibt es viele Gründe.

Aneinander gereiht sind dies alles *nur* Erfahrungen.

Geht es darum, sich genau in dieser Rolle als Mutter zu erfahren? Geht es darum, dem Kind Liebe schenken zu können?

Hm.

Hawk, könnte es sein, dass es sich so mit dem menschlichen Leben allgemein verhält?

Könnte es so sein?

Will Gott uns seine Liebe schenken?

Nicht *seine*.

Ihre?

Auch nicht ihre, weil es da nichts gibt, das mit er, sie oder es bezeichnet werden könnte.

Es gibt da nichts?

Nun, Gott ist nichts Personifiziertes oder Dingliches: Quelle, Ursprung, Schöpfer, universelles Bewusstsein, das All-Eine, das Unerklärbare, Spirit... dies sind nur Bezeichnungen für etwas, das mit Worten nicht erfasst werden kann.

Gut, bleiben wir also bei Gott - ohne er, sie, es!

Das ist gut, Regina, bleiben wir dabei.

Ich finde es spannend. Mal sehen, was dabei raus kommt. Also, könnte es sein, dass Gott, ja was nun eigentlich?

...dass Gott ein Teilaspekt dessen ist, was sich als Regina manifestiert hat. Dieser Aspekt existiert im Grunde nur solange, wie die Manifestation als Person vorhanden ist, als Person Regina. Gott bleibt immer noch Gott, auch als Regina. Deine Identifikation mit der Person Regina verhindert, dich als das zu erfahren, was du von deinem Wesen her bist, Schöpfer und Schöpfung, vollkommene Liebe, lichtvolles göttliches Wesen, allumfassendes Bewusstsein. Diese Präsenz ist immer da, schon vor der Geschichte der Welt, vor der Person, vor der Manifestation. Die Welt, wie du sie kennst, mit all ihren Erscheinungsformen ist das Abbild der Quelle und diese Quelle bist ebenso du. Sie wird durch dich geprägt, wie du durch sie geprägt wirst. Alles ist Eins. Das Menschsein ist somit eine Erscheinungsform des Großen Ganzen, über das es sich erfährt.

Also gibt es keinen Grund, warum ich als Regina jetzt lebe?

Dein göttliches Selbst, welches nicht getrennt von der einen Schöpferquelle existiert, manifestiert sich als Regina, *um sich durch dich zu erfahren*, in der menschlichen Realität: das universelle Bewusstsein im individuellen Bewusstsein.

Also habe ich mir für dieses Leben nichts Besonderes vorgenommen?

Es gibt nichts Besonderes, es sei denn du machst es aus deiner Perspektive zu dem. Da gibt es nur das menschliche Leben, mit all seinen Erfahrungen entsprechend der Perspektive, die du einnimmst.

... sei es die Perspektive des Vertrauens, der Liebe, der Hingabe, oder die der Angst, der Selbstzweifel, der Befürchtungen. Ich verstehe. Also sollte ich mich für die Liebe entscheiden. Demnach gibt es doch etwas zu tun.

Nicht zu tun, zu sein. Das Unermessliche nimmt sich durch dich, als Regina wahr, ohne Kommentar, ohne Wertung, von Augenblick, zu Augenblick.

Das irritiert mich Hawk, weil es alles Bisherige, was ich in Bezug zum Sinn meines Lebens annahm, auf den Kopf stellt.

Dies ist wiederum die *Geschichte*, die du zum Sinn des Lebens erzählst. Lass diese Geschichte weg und das Leben ist, was es ist.

Also geht dieses Leben auf meine Absicht zurück, einfach eine irdische Erfahrung als Mensch in der Person Regina zu machen?

Nichts gleicht der Erfahrung des Menschseins auf der anderen Ebene des Seins, der Ebene, welche du und viele andere Menschen als das Jenseits, den Himmel, oder `das Leben nach dem Tod` bezeichnen. Es ist die wundervolle Erfahrung, Mensch zu sein, die du als Seele immer wieder zum Ausdruck bringen möchtest. Deine Seele trinkt im Grunde aus jedem menschlichen Leben die Essenz deiner Erfahrungen - Erfahrungen, die aus der Perspektive der Seele keinerlei Wertung besitzen. Da ist nur die reine Freude am Sein.

Also habe ich schon viele Leben gelebt?

So ist es.

...und ich habe mir eben u.a. die Erfahrung mit Liese, nun ja - gewählt.

Deine Seele hat sich voller Freude auf dieses menschliche Abenteuer eingelassen.

Ein `Abenteuer` - hm, klingt nicht dramatisch.

Lässt du die gewohnten Denk-Konzepte beiseite, ist es, was es ist: eine Erfahrung!

Schon wieder erscheint alles so einfach, aus deiner Perspektive, Hawk.

Ohne deine Geschichte, Regina, entfaltet sich das Leben einfach von Moment zu Moment.

Widerspruch: Gegenwartsbewusstsein und Zukunftsvisionen

Hawk, wir müssen reden.

Reden wir, liebe Regina.

Ich stolpere immer über einen Punkt. Ich soll ganz in der Gegenwart präsent sein, im Hier und Jetzt. Gleichzeitig aber geht es auch darum, meine Gedanken bewusst auszurichten, also eine Wahl zu treffen, um das in meinem Leben zu kreieren, was mir wirklich dienlich ist.

Erkläre mir dein Anliegen genauer, Regina.

Wenn ich mein Leben nur aus dem Hier und Jetzt heraus lebe, wie du so schön betonst, wie soll ich in der Lage sein, Visionen meiner Zukunft zu entwickeln, Möglichkeiten zu erwägen, entsprechende Entscheidungen zu treffen.?

Im jeweiligen Augenblick wird die Entscheidung dich finden!

Das kann ich mir nicht vorstellen.

Die Wirklichkeit, *das Jetzt enthält die Klarheit*, welche Möglichkeit des Lebens du für den nächsten Moment wählen wirst. Denkstrukturen und Verhaltensmuster entspringen fast ausschließlich dem Verstand, welcher immer linear, d.h. aus der Perspektive der Vergangenheit oder in Bezug zur Zukunft agiert. Nur am Punkt der Gegenwart entsteht aber Leidenschaft, Inspiration, Klarheit.

Wie sieht es beispielsweise mit einem Projekt aus? Dieses muss geplant werden, also Aufbau, Struktur, Vorgehensweisen usw.. Das heißt für mich Zukunftsvisionen zu entwickeln. Damit bewege ich mich weg vom Punkt der Gegenwart.

Nun, in einem Augenblick entsteht der Gedanke zu einem Projekt, wie du es bezeichnest. Er findet dich! Du bist von ihm inspiriert, in genau diesem Moment. In einem nächsten Augenblick wirst du Zugang zu einer klaren Vorstellung von deinem Projekt erhalten, in einem weiteren Moment differenzieren sich die dazu notwendigen Details heraus, die dann möglicherweise in einem weiteren Augenblick mit mehreren Personen besprochen, bearbeitet werden, bis hin zur Manifestation deines Projektes mit allen dazu gehörigen Handlungen.

Also machen wir es mal konkret. Ich bin der Meinung, ich muss in nächster Zeit für Liese eine Wohnmöglichkeit finden, mit Rundum-Betreuung für sie. Am besten in meiner Nähe, so dass ich sie jederzeit besuchen oder zu uns holen kann. Das muss ich doch langfristig planen, oder nicht?

Wenn es soweit ist, werden sich `Türen öffnen`, ob du es nun planst oder nicht. Leben vollzieht sich von Moment zu Moment, Regina.

Das heißt, ich kann mich abmühen, hier und dort Erkundungen einholen, Gespräche führen, Möglichkeiten abklopfen usw. aber wenn es `noch nicht soweit ist`, wie du sagst, wird es nicht gelingen?

So ist es!

Wie du doch so schön erklärt hast, bin ich Schöpfer meiner Realität! Weshalb kann ich mir denn nicht für Liese einfach eine Wohnmöglichkeit `erschaffen`?

Wenn du es zulässt, dass deine Intention sich erfüllt, dann wird es geschehen, ohne große Anstrengung und dann ist es der richtige Zeitpunkt.

Wenn du aus einem *Mangel* heraus agierst: `Ich muss für Liese eine Wohnmöglichkeit finden!`, dann wird sich dein Wunsch, Liese unterzubringen nicht realisieren, denn der Fokus liegt auf dem Mangel, auf der Ablehnung der Wirklichkeit, das heißt dem inneren Widerstand dem Leben gegenüber. Dann ist es nicht der richtige Zeitpunkt, für euch beide, für alle Beteiligten und deine Bemühungen werden keine Früchte tragen, Regina.

Liese ist auch daran beteiligt?

Auch wenn es aus der Perspektive ihrer Behinderung nicht möglich scheint, ja. Sie ist ebenfalls am Schöpfungsprozess ihres Mensch-Seins beteiligt, ebenso wie dein Mann, da ihr in einem sehr engen Kontext lebt.

Also, aus einer positiven Motivation heraus, zum Beispiel: `Ich finde das perfekte Lebensumfeld für mein Kind, welches einen engen Kontakt von Liese mit unserer Familie ermöglicht. Es tut uns beiden gut, auch voneinander unabhängige Lebenserfahrungen zu machen. Die neuen Lebensumstände tragen zur Erweiterung unserer Erfahrungen bei. Sie lassen eine umfassende Entfaltung von individuellen Möglichkeiten zu`... usw. wird sich ganz schnell etwas für Liese, für uns ergeben? Meinst du das so, Hawk?

Ich würde es nicht als `Ich finde...`formulieren, denn es impliziert ein Suchen (und Finden), sondern ich würde es eher so formulieren: `Liese lebt in einem perfekten Lebensumfeld. Dies steht im Einklang mit dem Wunsch ihrer und unserer Seele.` Dies schließt jedoch auch ihr momentanes Lebensumfeld ein. Allein mit *Affirmationen*, da diese auf Gedankenebene gründen, wird sich nur wenig verändern.

Warum?

Nun, Schöpfung geschieht immer aus der *Leidenschaft der Seele* heraus, welche *Schöpfungsenergie* aktiviert. Geh deiner Verstandesebene weitestgehend aus dem Weg und *lasse zu*, das der Schöpfungsprozess sich entfaltet.

Woran erkenne ich denn, auf welcher Ebene ich mich gerade bewege, Hawk?

Agierst du aus deinem wahren Wesen, deiner Seele heraus, dies *spürst du als Leidenschaft, freudvolle beflügelnde Energie,* so bist du im *Einklang mit deinem göttlichen Bewusstsein*, der Quelle. Der Schöpfungsprozess wird sich auf *einfachste Weise* entfalten, jeder einzelne Schritt, den du gehst, wird sich dir von Augenblick zu Augenblick offenbaren.

Er präsentiert sich mir sozusagen auf dem `silbernen Tablett`, ähnlich wie beim Aufbau meiner Selbständigkeit?

Der Aufbau deiner Selbständigkeit war eine wunderbare Erfahrung , wie Schöpfung funktioniert.

Ich weiß noch, dass ich nach meiner Kündigung einfach *wusste,* jetzt beginnt etwas Neues und ich hatte auch eine etwaige Richtung im Kopf.

Jedoch waren mir die einzelnen Schritte der Verwirklichung überhaupt nicht klar.

Aus deiner vollkommenen Präsens in der Wirklichkeit heraus, hast du die Entscheidung getroffen, deiner (momentanen) *Berufung* zu folgen. Daraus ergab sich, dein Arbeitsverhältnis aufzulösen, wiederum durch ganz bewusstes Sein, dieses friedvoll zu beenden usw..

Das stimmt, Hawk. Genau so war es. Der Gedanke einer Veränderung meiner beruflichen Tätigkeit existierte schon länger in mir. Jedoch ergab sich der Entschluss der Beendigung meines Jobs recht kurzfristig. Auf einmal war die Entscheidung da.

Bist du achtsam, in der Wirklichkeit vollkommen präsent, entsteht in dir eine bewusste Klarheit. Aus dieser Bewusstheit heraus ergibt sich das, was du als Entscheidung bezeichnest, diese ist dann ebenfalls einfach und klar, Regina.

Mein Vertrauen war wirklich groß, Hawk. Ich habe mich einfach führen lassen und so ergab sich wie von selbst ein Schritt nach dem anderen.

Bist du mit deinem *inneren Wesen* verbunden, aus deinem *bewussten Sein in der Gegenwart*, handelst du *nicht* ausschließlich aus dem Verstand heraus, der immer auf Überleben ausgerichtet ist. Es ist deine *Seele* die dich führt, *die aus deiner vollkommenen Präsenz in der Wirklichkeit in deinem Menschsein Raum einnimmt*, und so erlebst du das Fließen des Lebens.

...und das Leben erscheint stimmig und fühlt sich gut an.

Es ist die tiefe Freude am Sein, Regina.

Zunächst schien alles auch richtig so, jedoch habe ich im Moment das Empfinden, dass schon wieder Veränderungen anstehen.

Leben ist Veränderung, Ausdehnung. Leben ist vom Bewusstsein hervorgebrachte Energie und *Energie ist Bewegung*, niemals Stillstand. Gib dich dem Fluss des Lebens hin, lass dich tragen und du wirst eins sein mit dem Leben. Eins sein heißt, verbunden zu sein mit der Quelle, mit der Schöpfung, die du bist.

Es ist schön, die göttliche Weisheit, also sozusagen die Perspektive des Falken zu erfahren!

Dies ist dein wahres Wesen, Regina. Vergiss das nicht!

Hm, so langsam erinnere ich mich...

Du schwingst in der Frequenz deiner Seele und diese öffnet das Portal zu einer erweiterten Sicht - der Sicht deines göttlichen Wesens. So verbindest du deine Mensch- mit deiner Gott-Natur.

Diese empfundene Ganzheit, Hawk - sie müsste von Dauer sein.

Sie ist, Regina! Ganz sanft und manchmal unbemerkt nimmt sie Raum ein in deinem Leben.

Danke, Hawk.

Es ist nicht leicht, Mensch zu sein

Hawk, wir müssen reden.

Reden wir!

Du weißt nicht, wie es ist, Mensch zu sein!

Ich weiß nicht, wie das ist? Ich bin Teil deines Wesens. Du und ich sind Eins. Hast du das schon vergessen?

Du nimmst gerade `Raum in meinem Menschsein` ein - so hast du dich ausgedrückt, Hawk, und in diesen Momenten fühle ich mich auch Eins mit dir.

Gut. Was genau meintest du mit deiner Aussage: `Du weißt nicht, wie es ist, Mensch zu sein!`?

Da ist häufig ein Gefühl von Schwere, Einsamkeit, auch von Überforderung und Angst... so etwas eben.

Signalisiert dir dein Empfinden Leid und Schmerz, ist dies ein Hinweis - worauf, Regina?

...dass ich nicht mit meinem inneren Wesen, meiner Seele verbunden bin.

So ist es. Du bist mit deinen Gedanken im *Widerstand zur erlebten Wirklichkeit*. Dieser Widerstand erzeugt eine Kraft. Diese Kraft besitzt die Eigenschaft einer niedrigen energetischen Schwingung. Dies ist es, was du als eine Empfindung von Schwere und Mühsal beschreibst. Es ist die niedrig schwingende Kraft deiner Geschichten, Regina.

Darf ich dich dazu noch etwas fragen?

Frage!

Ist diese für mich negative Kraft die Summe von negativen Erfahrungen , die ich mit mir herumtrage?

Negativität beinhaltet eine Wertung. Es ist eine Energie, die dir durch Unbewusstheit anhaftet, die mit den Erfahrungen deines menschlichen Lebens zu tun haben und hier möchte ich erweitern, auch mit den Prägungen früherer Leben.

Hier kommt für mich wieder der Begriff Karma ins Spiel, einer Prägung, der ich ausgeliefert scheine.

Es ist eine *Wahl*, die du treffen kannst, Regina, entweder diesen Prägungen weiterhin anzuhaften oder der Vergangenheit diese *Macht zu entziehen*. Dies ist der *freie Wille*, den der Mensch hat.

Ich treffe also die Wahl alles Begrenzende, alles mir Negativ-Anhaftende endgültig loszulassen.

...frei zu geben, ist der treffendere Ausdruck dafür. Diese darin gebundene Energie geht in ihren natürlichen Zustand zurück.

Und dann geschieht es?

Bist du in Verbindung mit deiner wahren Wesensnatur, in der bewussten Präsenz im jeweiligen Moment, hat diese Kraft keine Wirkung. Sie fällt sie in sich zusammen.

Es klingt einerseits so einfach und andererseits scheint dieser Friede so weit weg.

Hast du dich einmal so ausgerichtet, Regina, bekommst du Hilfe und Unterstützung auch von der Seite, die du das Jenseits nennst.

Manchmal fühle ich mich mit all dem Schmerz schon ziemlich allein - von Unterstützung keine Spur.

Dieses Empfinden entspricht deiner Wahrnehmung aus der Schwingung der Angst heraus. Du hast vergessen, wer du von deiner wahren Wesensnatur her bist - Schöpfer deines Lebens.

Warte mal, Hawk, ist das bei Jesus so gemeint, als er kurz vor seiner Kreuzigung rief: Gott, warum hast du mich verlassen? Ist genau das gemeint - zu vergessen, wer wir eigentlich sind. Ich weiß, das klingt jetzt anmaßend gegenüber Jesus, dem Sohn Gottes, wie es in der Bibel heißt.

Jesus würde es nicht als anmaßend empfinden.

Ist es so gemeint?

Könnte es so sein, Regina?

Ich denke schon. Jesus war ja auch nur ein Mensch, also zu Lebzeiten.

Fassen wir mal zusammen: Jesus war ein Mensch, zu einer anderen Zeit. Über diese Zeit und sein Mensch-Sein wird in der Bibel berichtet. Bist du nicht auch ein Mensch?

Ja. Worauf willst du hinaus, Hawk?

Könnte es sein, dass Jesus trotz seines hochentwickelten Bewusstseins nicht auch ganz Mensch war?

Ja, sicher. Er wollte ein Beispiel für uns sein.

Wofür?

Na, um es mal mit deinen Worten auszudrücken: Jesus wollte Beispiel geben für das Leben der bedingungslosen Liebe.

Jesus war sich seiner wahren Wesensnatur bewusst.

...nah bei Gott, Gottes Sohn!

Und was bist du?

Ich?

Steht nicht auch in der Bibel: *Ich bin in meinem Vater, ihr seid in mir, und ich bin in euch. (Joh. 14,20)*Das sind die Worte von Jesus! Er verdeutlicht, dass es keine Trennung gibt - alles ist Eins. Alles ist mit der einen Quelle, die du Gott nennst, verbunden.

Ja, also, wenn Du sagst, dass ich und die Quelle, Gott, der Schöpfer... eins sind...

...dann bist du eine Tochter Gottes, um mit dieser Metapher zu sprechen.

Na gut, so gesehen... Dann hat sich also auch Jesus in dem besagten Augenblick von seiner göttlichen Quelle getrennt gefühlt, aus dem Widerstand dem Leben gegenüber mit all dieser Gewalt, dem Verrat, dem Schmerz. Ist es so?

Könnte es so sein?

Ich denke ja, das könnte es. Es könnte aber auch sein, dass er nicht als `Über-Mensch` dastehen, sondern vermitteln wollte, dass er, ganz Mensch, die dunklen Täler des Menschseins ebenfalls durchlaufen ist, möglicherweise nur, um einen Aspekt des Mensch-Seins, Leid zu durchleben.

... Leid durch sich hindurch ziehen lassen, ohne selbst im Leid zu sein, sich dem Leid vollkommen hinzugeben, ohne ihm Widerstand zu leisten.

Mein Gott, Hawk, bei welchem Thema sind wir denn hier gelandet?

Nun?

Also, das ist ein schwankender Boden für mich.

Ich weiß.

Am Kreuz hat Jesus gerufen: `*Vergib ihnen, denn sie wissen nicht was sie tun!*`, Wollte er damit ausdrücken: Sie (diese Menschen, die ihn verurteilten und kreuzigten) haben vergessen, wer sie von ihrem wahren Wesen her sind?

Alles, was Jesus lehrte diente dazu, die Menschen an ihre *Gott-Natur zu erinnern*, sich als Schöpfer zu erkennen, sich als Ausdruck der reinen Liebe wahr- und anzunehmen...

...um uns Menschen Erlösung zu bringen, so steht es in der Bibel, Hawk.

Erlösung aus der *selbstgeschaffenen Hölle* der permanenten inneren Geschichte, über den Anderen, das Leben, die Welt, über Gott..., *Erlösung* von der *vermeintlichen Trennung von allem, was ist* , *Erlösung* von der *empfundenen Trennung von Gott*, dem Ursprung allen Seins.

...damit wir in den Himmel kommen.

Nicht in den Himmel kommen, sondern um den *Himmel auf Erden zu erfahren*, durch die *Erinnerung* daran, wer du von deiner wahren Wesensnatur bist: *ewiges unzerstörbares Leben*.

Und was hilft mir dabei, mich zu erinnern?

...die vollkommene *Annahme der Wirklichkeit*, Regina. Hingabe, Präsenz, Gewahrsein - sind andere Worte dafür.

Jesus hat sich vollkommen hingegeben, nicht wahr?

Jesus war sich zu jedem Zeitpunkt seines Lebens und Sterbens seiner Gott-Natur vollkommen bewusst. Seine Intention war es, *die Menschen daran zu erinnern, das Göttliche in sich selbst, in ihrem Nächsten, in der gesamten Schöpfung* wahr- und anzunehmen.

Warum musste all das geschehen, Hawk - diese Kreuzigung, wo Jesus doch die Liebe selbst war?

Jesus hat es geschehen lassen, als ein Ausdruck des Lebens. Dies war der Ausdruck des kollektiven Schmerzes der damaligen Zeit, ein Ausdruck der Angst, ein Ausdruck der Trennung von Gott.

Jesus verkörperte selbst in diesem Schmerz noch die vollkommene allumfassende Liebe?

So ist es.

Aber er hätte die Möglichkeit gehabt, diese Kreuzigung mit allem drum und dran zu verhindern, Hawk. Tat er das nicht, weil er uns erlösen wollte?

Wovon?

Von unseren Sünden...

Und, hat sein Tod bis heute derartiges bewirkt?

Mein Gott, Hawk! So gesehen nicht!

Nach wie vor sind das, was du als Sünde bezeichnest: also Übergriffe körperlicher oder seelischer Art gegen Mensch und Natur an der Tagesordnung, Regina. All dies gründet immer und ausschließlich auf Angst, aus dem erwähnten Überlebensaspekt heraus, der Angst vor dem Tod und der Angst nicht geliebt zu werden.

Also war alles umsonst?

Schauen wir uns Jesus mal aus seiner Perspektive an: Jesus lebte aus einem tiefen Gefühl der *Verbundenheit mit allem, was ist*. Er liebte die Menschen ebenso wie die Natur. Er verkörperte sozusagen die alles umfassende Liebe durch sein Menschsein. So verkörperte er eben auch in diesen letzten Tagen seines menschlichen

Seins diese bedingungslose Liebe - ohne Kompromisse, ohne Wertung der Wirklichkeit. Dies war sein Ausdruck des *Himmels auf Erden*. Selbst in seinem Sterben lebte Jesus diese *vollkommene Hingabe*, die *Erlösung* von Schmerz und Leid. In diesem Zustand ist da nur noch Liebe, Stille, tiefer allumfassender Frieden, vor dem Hintergrund des ewigen Lebens.

So hab ich das noch gar nicht gesehen, aber es macht Sinn!

Erfasse dies nicht mit deinem Verstand, Regina. Dies ist ein Schleier, der über deinem wahren Wesen liegt und diesen Schleier lüftest du, sobald du aus deiner Unbewusstheit erwachst.

Durch Präsenz im Augenblick, durch bewusstes Sein erkenne ich die Illusion von Leid und Schmerz. Und damit geht es mir besser?

Dein Drama findet ein Ende, wenn du die Kraft deiner Bewusstheit entdeckst. Diese Kraft lässt dich frei sein, Regina.

Danke, Hawk!

Leben und Tod

Hawk, wir müssen reden!

Reden wir.

Zum Thema Tod gibt es für mich Fragen.

Nun, was möchtest du wissen, Regina?

Gibt es ein Leben nach dem Tod?

Wenn du es so bezeichnen möchtest, ja. Dein menschliches Leben ist nicht deine wirkliche Natur, es ist ein Ausdruck deines wahren Wesens, deiner Schöpfernatur. Das, was du als Realität bezeichnest ist im eigentlichen Sinne Illusion. *Die wahre Realität ist das, was du als Jenseits* oder Leben nach dem Tod *bezeichnest.*

Also ist das menschliche Leben nur als eine Art Ausflug in eine andere Wirklichkeit zu sehen?

Mit deinem Menschsein erweiterst du die Schöpfung. Du gibst dir die Möglichkeit, Leben in diesem Rahmen zu erfahren und ich möchte ergänzen, du wählst diese Erfahrung voller Freude auf das Abenteuer Erde.

...und wenn ich genug davon habe, kommt der Zeitpunkt meines Todes?

Du triffst als ganzheitliches Wesen die Wahl, die Erfahrung als Mensch zu beenden.

Hm. Ich wähle, die Erfahrung als Mensch zu beenden - das nenne ich sterben. Was genau passiert zum Zeitpunkt meines Todes?

Es geschieht genau das, was du *gewählt* hast.

Was ich gewählt habe? Hawk! Ich glaube niemand trifft bewusst eine Wahl bezüglich seines Todes!

Bei den meisten Menschen ist es so, da sie *unbewusst*, nicht vollkommen in der Gegenwart präsent sind.

Soll das heißen, dass ich, wenn ich vollkommen im Jetzt bin, den Tod sozusagen spüre, wenn er kommt.

Nun, was glaubst du, warum beispielsweise Tiere, wenn ihr Ende naht, sich zurückziehen?

Also Tiere haben da ja ganz gute Instinkte, aber wir Menschen?

Auch in meinem Volk war es nicht unüblich, seinen Tod vorzubereiten: `Heute ist ein guter Tag zum Sterben!` vermittelte die *Wertschätzung* des Lebens, des Tages, der Stunde - *des Jetzt*. Viele Völker *feiern* den Tod, Regina. Natürlich gibt es, entsprechend des kulturellen Hintergrundes, unterschiedliche Vorstellungen darüber, was nach dem Verlassen des Körpers geschieht. In keinem Fall ist da etwas zu befürchten.

Und, was geschieht nun deiner Meinung nach?

Es geschieht, was du gewählt hast.

Hawk, du sprichst in Rätseln.

Wie wir schon an anderer Stelle besprochen haben, bist du Schöpfer deines Lebens.

Wir reden hier vom Tod!

Wir reden vom Zurücklassen des physischen Körpers auf dieser Erde zum Zeitpunkt des Sterbens.

Also gibt es nach dem Tod ein Weiterleben.

Es gibt nicht einmal den Tod, so wie du ihn verstehst, als ein Ende dessen, was du Leben nennst, sondern sieh es eher als eine Fortsetzung des Lebens in einer anderen Seins-Form.

Sprich weiter, Hawk! Darüber möchte ich wirklich mehr wissen.

Hier gibt es im Grunde keinen Anfang und kein Ende. Alles geschieht im Jetzt. So gesehen ist der Tod eine Illusion.

Es gibt keinen Tod, Hawk?

Nur in deinem linear agierenden Verstand, welcher von vielen Glaubens- und Gedankenmustern deiner Vorfahren und deines heutigen Umfeldes geprägt ist, gibt es diesen Zustand, den du Tod nennst.

Also aus dem christlichen Verständnis heraus gibt es ein Leben nach dem Tod.

...nicht nach dem Tod, es geschieht alles im *Jetzt*. Du bist die Quelle, die dich hervorbringt und wieder in sich auf nimmt, all dies im Jetzt. Selbst das, was du als reales Leben bezeichnest, beinhaltet dieses fortwährende Kommen, Gehen, Eins-Sein in jedem Augenblick.

So langsam beginne ich dir folgen zu können. Aber was passiert denn dann, also direkt nachdem ich meinen Körper verlassen habe. Und sag jetzt nicht wieder das, was ich gewählt habe.

Du wirst das erleben, was deiner Erwartungshaltung zum Zeitpunkt des Todes entspricht.

Und wenn ich glaube, dass danach alles zu Ende ist?

...wirst du es genauso erleben.

Nichts?

Nichts. Und aus diesem Nichts heraus wirst du neu entscheiden, denn als reines göttliches Wesen bist du dir zu jedem Zeitpunkt deiner selbst bewusst und dann wird es andere `Lebenserfahrungen` in dieser (dir vertrauten) Dimension für dich geben.

Das heißt zunächst erst einmal: Ich bleibe Ich. Ist es so?

So ist es. Du behältst deine Identität als Ausdruck des All-Einen, welcher du bist!

Himmel, Hawk! Wer soll denn daraus schlau werden.

Himmel ist gut. Ist es nicht üblich davon zu sprechen, in den Himmel zu gelangen?

Kommen wir denn nicht in den Himmel?

Ihr seid schon im Himmel. *"Das Reich Gottes ist mitten unter euch." (Luk.17/21)* - diese Worte sind dir bekannt und wir haben schon hinreichend über den Zustand der vollkommenen Akzeptanz dessen, was Ist gesprochen.

Also, das meinte Jesus wirklich mit *Himmel*?

Der Himmel steht für ein Bild der vollkommenen *Hingabe an den Augenblick des Jetzt.*

...der tiefe Frieden, die Ruhe sozusagen vor all dem `Auf und Ab`. Aber wir kommen vom Thema ab, Hawk.

Das ist das Thema.

Also demnach gibt es auch wirklich keine Hölle?

Es gibt nur die vom Menschen selbst *geschaffene Hölle* aus der angstvollen Perspektive des Ego. Hölle kannst du so definieren: Es sind deine Urteile über dich, über Andere, über das Leben... - dein *innerer Widerstand* gegenüber dem, was ist. Indem du vollkommen gegenwärtig bist (*Himmel*), dich dem Leben in all seinen Ausdrucksformen öffnest (*Liebe zu Allem, was ist*), verlässt du deine von dir selbst geschaffene Hölle (*Widerstand gegenüber der Wirklichkeit*). Eine Hölle existiert nur in deinen Gedanken.

Also gibt es auch kein jüngstes Gericht oder etwas Ähnliches?

Gibt es nicht, es sei denn, dies ist deine Wahl.

Wie bitte?

Du bist Schöpfer deiner Realität auch zum Zeitpunkt deines Todes. So erlebst du, was immer du gewählt hast.

Dann gibt es auch nichts, wofür man bestraft werden kann? Hiermit meine ich beispielsweise Verhaltensweisen, welche durch bewusste Verletzung, Betrug, Verunglimpfung, Herabsetzung Anderer geprägt war .

Dein menschliches Leben wird in keiner Weise be- oder verurteilt. Eine Strafe gibt es nicht! Es sei denn...

Ich weiß schon. Es gibt das Bild, dass wir nach unserem Ableben durch eine Art Tunnel ins Licht gezogen werden, auch dass Engel uns zur Seite stehen oder dass wir nahe Angehörige, sogar liebgewonnene Tiere wiedersehen. Ist das eine mögliche Realität im Jenseits, Hawk?

Dies ist ein wohlwollendes Bild und es sagt viel aus über die Liebe und Güte der Quelle. *Das Licht deiner Seele zieht dich hinein in deine wahre Realität, mit der du dich voller Freude wieder verbindest.* Und ja, alle dir vertrauten Wesenheiten sind an deiner Seite und feiern mit dir. Du bist zurück von deinem Abenteuer auf dieser Erde.

Wie ist das bei Menschen, die Gewalt und Hass geschürt, gar gemordet haben?

Auch diese werden liebevoll begrüßt, Regina.

Hm, hab` ich mir schon gedacht.

Hawk, dieses Bild mit der Feier, wenn ich wieder zurück bin, das ist ein schönes Bild - kann man sich ja richtig darauf freuen.

Diese tiefe Freude, das sich Erinnern an die reine Liebe deines wahren Wesens ist nicht mit Worten zu beschreiben Regina.

Einen Hauch davon konnte ich spüren beim Tod meiner Mama. Danke, Hawk.

Opfer und Täter

Hawk, wir müssen reden.

Ich bin da.

Noch immer beschäftigt mich etwas, dass mit all der Dunkelheit auf dieser Erde und eben auch mit mir zu tun hat.

Was möchtest du wissen?

Wie ich schon sagte, bin ich christlich geprägt. Da sprach man von Sünde und Buße, auch von einer Hölle. Zudem bin ich als kleines Mädchen sogar zur Beichte gegangen, um von meinen Sünden erlöst zu werden, eben damit ich einmal in den Himmel komme. Wenn es keine Strafe oder so etwas im Jenseits gibt, was ist es, dass mich zurückhält, etwas Böses, Niederträchtiges zu tun?

...der Ruf deiner Seele, deine Gott-Natur, um es einmal so auszudrücken. Du bist reine vollkommene Liebe und alles andere ist nicht, was du bist. In deinem tiefsten Inneren weißt darum und dieser göttliche Funken wird dich immer wieder daran erinnern. In dem Moment, wo Gedanken der Begrenzung, Verletzung, Selbstzweifel, Angst... in dir Raum einnehmen, hast du *vergessen*, wer du bist.

Was ist zu tun, Hawk?

Tritt einen Schritt zurück. Gehe in die bewusste Wahrnehmung deines Innenlebens. Schau dir an, welche Gedanken zu deinen Emotionen der Selbstzweifel, Angst, Trauer usw. geführt haben. Spüre auch nach, welche Emotionen diesbezügliche Gedankenmuster ausgelöst haben. All der Schmerz und die daraus resultierenden Handlungen sind eine Projektion deines Verstandes.

Es ist so viel Unmenschliches auf der Welt, Hawk: Kriege, Missbrauch, Gewalt, Vertreibung, Machtkämpfe, Hunger, Armut, auch die Ausbeutung der Natur - der Grundlage unseres Lebens. Sieht man die Nachrichten, möchte man am liebsten auf einem anderen Planeten leben. So etwas wie Hoffnungslosigkeit nimmt dann oft Raum ein in mir. Es scheint kein Ende all dieser angsteinflößenden Situationen und Ereignisse.

Was können wir Menschen tun, um all dies zu einem Guten zu wenden, Hawk?

Fange immer bei dir selbst an, Regina. Schau dir *deine Schatten* an: das was du über dich, das Leben denkst. *Bringe Licht hinein - das Licht, welches in dir leuchtet, sobald du dir seiner gewahr wirst.* Auch du verletzt täglich in Gedanken oder mit Worten dich selbst, aber auch Menschen, die dir nahe stehen oder Unbekannte, über die du, zumeist unbewusst, ganz schnell ein Urteil fällst, sei es der Obdachlose in der Fußgängerpassage, der doch `augenscheinlich nun wirklich arbeiten könnte`, sei es die Frau an der Fleischtheke, deren tätowierte Arme ihr Innenleben preisgeben usw.. Dies alles geschieht als Ausdruck *deines Widerstandes* gegenüber der Wirklichkeit.

Mein Gott, das stimmt, Hawk. Es ist wirklich so, dass ich ganz schnell in die Bewertung hineinrutsche.

Dies entspricht der Natur des Verstandes, zu analysieren, zu vergleichen einzuordnen, einen Stempel darauf zu setzen. Zumeist laufen in dir wertende Gedanken unbewusst ab, doch mit dieser Erkenntnis ist schon der erste Schritt hin zu einer Veränderung, zur Heilung getan. Du verurteilst immer nur das an anderen, was in dir als Wunde existiert: Gefühle wie Selbstzweifel, Unsicherheit, Angst, Einsamkeit, Wut, Traurigkeit.

Das heißt ich muss mich meinen eigenen Wunden zuwenden, um was zu tun, Hawk?

Schau dir die Welt deiner Gedanken an und welche Emotionen diese bei dir auslösen. Dein Verstand ist es, der dein Leben kompliziert und voller Herausforderungen erscheinen lässt, dein Verstand führt dich weg von der Realität, von der Einfachheit des Lebens. Diese fortwährende beurteilende Aktivität deines Verstandes lässt dich in einem Zustand der Abwehrhaltung gegenüber der Wirklichkeit und damit in inneren Konflikten zurück.

Dann bin ich getrennt von meinem inneren Wesen, meiner Seele?

Du *empfindest* Trennung und dies lässt dich Leid und Schmerz empfinden!

Gut und weiter?

Gib die Kontrolle auf. Sei ganz präsent in der Wirklichkeit, sei bewusst, nimm wahr, fühle. Das ist der Weg. Das Leben ist schön, wenn du ihm erlaubst, dir seine Schönheit zu offenbaren. Diese Schönheit ist einfach, klar, friedvoll. Du kannst sie nicht mit deinem Verstand erfassen, Regina.

Es dreht sich alles um *bewusstes Sein*, nicht wahr?

So ist es.

Wie sieht es aus mit Konflikten, verbalen oder körperlichen Verletzungen?

Angriffe sind immer die Resonanz auf etwas, das im Inneren wütet. Dort muss es angesehen und aufgelöst werden. Frieden und Liebe im Außen können nur erlebt werden, wenn auch Frieden und Liebe im Inneren sind. Jedoch, das möchte ich betonen, kann im Urgrund des Seins niemand jemals verletzt werden.

...weil das Göttlich-Ewige die Essenz jedes Menschen ist!

Leben erschafft sich immer wieder neu, Regina - Schöpfer und Schöpfung in einem. Auch der Täter ist Ausdruck der Schöpfung und da es keine wirkliche Trennung gibt, sind *Täter und Opfer Eins*, als ein Ausdruck des ewigen Lebens.

Also gibt es keine Bestrafung oder so etwas durch Gott?

Die gibt es nicht. Wie ich schon sagte ist Gott, der Schöpfer, die Quelle allen Seins, reine allumfassende Liebe. All das, was Liebe *nicht* ist, kann als eine vorübergehende Abwesenheit von Liebe gesehen werden. Daher ist *Liebe, vollkommenes bewusstes Sein, die Hingabe an den Augenblick des Jetzt* die Antwort auf alles, was du als das Böse, als Problem bezeichnest.

Viele Menschen glauben nicht an Gott.

Es geht nicht darum zu glauben, es geht darum, sich zu *erinnern*, wer du von deiner wahren Natur her bist. Gott ist ein Wort, und Worte können immer nur ein Bild vermitteln, gebunden an die subjektive Vorstellung davon. Worte können niemals ganz zum Ausdruck bringen, wer du wirklich bist. Andere Ausdrucksformen sind: Tao,

Leben, Spirit, Universum, das All-Eine, Urquell-Energie, das Unaussprechliche, Schöpferquelle, das Un-Manifeste...

Gott und Leben sind gleichzusetzen?

Was hast du gerade gesagt, wer du von deiner Wesensnatur her bist, Regina?

Es ist mir noch immer unvertraut. Ich bin in einem christlichen Elternhaus groß geworden.

Ich weiß!

Also noch einmal. Was kann denn nun das Böse verhindern?

...dein innerer Frieden, Regina. Alles was du als Problem, als das Böse, als unvollkommen wahrnimmst ist ein Spiegel deines Innenlebens, ein Abbild deiner Geschichten! Du bist der Schlüssel zu dem, was du als Himmel bezeichnest. *Erlösung* kann demnach nur *in dir* geschehen.

Wodurch, Hawk?

Bist du dir erst einmal deiner wahren *Schöpfernatur* bewusst, übernimmst du zunehmend *selbst* die *Verantwortung über dein Leben*, deine Ganzwerdung. Du bewegst dich auf deine Quelle, die alles umfassende Liebe zu und wo diese ist, kann Angst keinen Raum einnehmen.

Liebe als meine wahre Natur, welche ein Licht erzeugt und diesem Licht muss die Dunkelheit weichen. Doch Dunkelheit scheint immer wieder aus allen Ecken zu kriechen, vor allem Angst. Worin hat Angst ihren Ursprung, Hawk?

Angst entsteht und wird genährt auf der *Ebene des Verstandes*. Sie ist der Ursprung aller Konflikte, Machtkämpfe und Aggressionen - das, was du als das Böse bezeichnest. *Wertschätzung, Mitgefühl, Leidenschaft für das Leben, allumfassende Liebe ist, was du von deiner Gott-Natur her bist*. Die *Wahrnehmung einer Trennung* von deinem Ursprung ist der Nährboden, auf welchem angsterfülltes und aggressives Verhalten gedeihen kann. Dieses gründet immer darauf, sich *nicht* geliebt zu fühlen.

Das heißt, in dem ich mir zunehmend meiner Seelen-Natur bewusst werde, gibt es sowohl in meinem Leben, als auch in meinem Umfeld weniger Aggressionen, Drama und Konflikte?

So ist es und je mehr Menschen ihr Leben unter dem Aspekt ihrer wahren Natur, Schöpfer und Schöpfung in einem zu sein, annehmen, desto mehr wird sich das Leben aller Menschen hin zu einem *wertschätzendem Miteinander* entwickeln, ja zu einem bewussten Umgang mit der Schöpfung selbst - das schließt die Erde, die Natur mit ein. Aber hier möchte ich noch einmal betonen. Es gibt nichts, dass in Ordnung gebracht werden müsste.

...auch wenn die Menschen dieses Planeten sich schon fast ihrer Lebensgrundlage beraubt haben?

Auch dann ist noch immer alles in Ordnung, denn *es ist das, was ist*.

Also ist es das Wichtigste, an der eigenen Bewusstwerdung zu arbeiten?

Sieh es nicht als Arbeit, als etwas, das du tun musst. Sieh es als *Annehmen* dessen, was ist (Angst) und *Loslassen* (Trennungsgedanken). Sieh es als *Hinwendung* zu deiner wahren Natur (Seele, Schöpfer). Diese Quelle ist immer da. Du bist Eins mit ihr im *Bewusstsein der Gegenwart: im Hier und Jetzt.*

Ich überwinde das Böse - das, was ich *nicht* bin, indem ich mich *erinnere*, wer *ich* von meiner wahren Wesensnatur her *bin*.

Dieses `Böse`, Regina, existiert nur auf der Ebene deines Verstandes, als ein *Urteil* darüber, was ist!

Gut! Also, wenn wir ich mich *erinnere* und lebe, *wer ich bin*: *ewiges, liebendes, vollkommenes Sein*, gebe ich dem Ausdruck des Bösen keinen Raum mehr. Habe ich das richtig verstanden, Hawk?

Liebe und akzeptiere Alles was ist. Gib dich dem Ausdruck des Lebens, dessen Schöpfer du bist, in all seinen Formen hin. Das ist die Grundlage auf welcher du *Ganzheit erfahren* kannst. Aber *erinnere* dich, in Wahrheit bist du bereits ganz.

Die Wahrnehmung der Abwesenheit von Liebe und Vollkommenheit liegt in deinem Denken, dort muss sie aufgelöst werden, nirgendwo anders. *Nur in deinem Inneren findest du den Himmel, den du suchst.*

Und je mehr Menschen diesen Himmel in sich entdecken, desto mehr wird dieser Himmel in unser aller Leben erfahrbar sein?

So ist es. *In dem Moment, wo du dich für die Liebe öffnest*, die vollkommene Annahme der Wirklichkeit in all ihren Ausdrucksformen, *bist du für diesen einen Augenblick im Himmel*. Und je mehr du diesen Himmel im Hier und Jetzt wahrnimmst, desto mehr Heilung, Ganzwerdung, Eins-Sein erfährst du. *In demselben Maße erfährt dies auch dein Umfeld*. Alles beginnt in dir, Regina.

Das ist ein Weg, der sich lohnt, nicht wahr?

Es ist der Weg zu dir selbst, Regina, *deiner wahren Gott-Natur*. Es ist der Weg nach Hause oder anders ausgedrückt: es ist der direkte Weg in den Himmel!

Da sind wir schon wieder beim Himmel und jetzt möchte ich noch einmal zum Tod zurück kommen.

Gut.

Engel, Geistführer, Verstorbene und andere paranormale Phänomene

Als meine Mutter starb, sagte sie mir kurz vor ihrem Tod, sie sähe die Engel schon.

Engel waren bei ihr und zum Zeitpunkt ihres Todes hatte sie bereits alles abgelegt, was dieser Wahrnehmung im Wege stand.

Hawk - wie schön! Warum waren sie da?

Engel waren an ihrer Seite, um die Seele deiner Mutter abzuholen und sie `nach Hause` zu bringen. Das entsprach ihrer *Erwartungshaltung*, mit dieser Prägung ist sie aufgewachsen.

Als ich ein paar Stunden nach ihrem Tod mit meiner großen Trauer allein war, fragte ich meine Mutter - ja du hast richtig gehört, Hawk, ich fragte sie...

Sie war nicht das, was du tod nennst.

Wie bitte? Hawk, sie war tod!

Ihre Seele hat die körperliche Hülle verlassen.

Ach so meinst du das. Also, ich hab sie einfach in Gedanken gefragt: `Mami, wenn es dir möglich ist, dann sag mir, wo du jetzt bist und wie es dir dort geht.`

Und?

Über diese Frage bin ich, völlig erschöpft von der durchwachten Nacht, auf der Couch eingeschlafen. Mit einem überwältigendem Glücksgefühl und dem Bild einer Blumenwiese, auf der meine Mutter, jung, voller Freude und Ausgelassenheit, sich leichtfüßig mit vielen anderen `Seelen`? Blumen pflückend bewegte, bin ich aufgewacht. Wirklich, Hawk, genau so, mit diesem Bild voller Farben und Emotionen.

Es war ihre Antwort auf deine Frage.

Das Großartigste aber war dieses überwältigende Glücksgefühl, was mich vollkommen durchflutet hat. Ich habe Freudentränen vergossen, so unglaublich glücklich war ich in diesem Moment. Da *wusste* ich einfach, es geht ihr gut, dort wo sie jetzt ist und ich habe den Verlust ihres Nicht-Mehr-Hierseins, aber keine Traurigkeit mehr empfunden - bis heute. War es das, was meine Mutter mir mitteilen wollte?

Dies war ihre Absicht, Regina und du warst innerlich offen dafür.

Kann man denn `offen` dafür sein?

Wenn es deiner Erwartungshaltung entspricht, dass eine solche Kommunikation möglich ist, ja! Die *jenseitige* Ebene ist nicht getrennt von dir, sie kann sich gut über Bilder, Düfte, Klänge und Gefühle mitteilen. Manche Menschen sind in der Lage, diese Informationen auch in Sprache zu übersetzen.

Hawk, das klingt alles sehr tröstlich. Trotzdem ist der Tod ein Thema, welches bei mir für Irritationen sorgt.

Leben ist nicht nur das, was du, als Regina, aus deinem körperlichen Ausdruck heraus erlebst, sondern Leben ist - nun, Regina?

Ich weiß schon: Alles was ist, immer war und je sein wird.

Und all das bist du, und es findet seinen Ausdruck in der Wirklichkeit, die sich im *Hier und Jetzt* zeigt.

Gut, Hawk, ja das ist gut und tröstlich! Sag mir noch eins. Weil du gesagt hast, man könne sich für den Kontakt zu Verstorbenen öffnen. Sprichst du denn nun als ein Verstorbener zu mir?

Ich spreche als *Ausdruck deiner Seele*, über dein *Hohes Selbst* zu dir: Gott-Natur, wahres

Wesen, Seelen-Selbst, göttlicher Ausdruck... sind andere Worte dafür. Es gibt verschiedene Ebenen, über die sich dein inneres, dein göttliches Wesen offenbart.

Auch über Engel?

Auch das ist eine mögliche Ebene des All-Einen.

Also gibt es sie wirklich, die Engel?

Sie sind die Inspiration und Unterstützung die du deinem Menschsein ermöglichst.

Gab es Engel auch in deiner Kultur?

Bei uns sprach man von Sternen- oder Lichtmenschen.

Und was sind Engel denn nun?

Engel sind eine Möglichkeit in Kontakt mit deinem göttlichen Ursprung zu treten, als *eine Aus-*

drucksform in der sich Gott, das Leben, die Schöpfung dem Menschen offenbart. Das, was du als Engel bezeichnest ist hochschwingende reine Energie, lichtvolle Schwingung, liebendes Bewusstsein, welches dem Menschen dient, sein wahres Wesen zu erfahren.

Warum kann ich da nicht gleich mit Gott, oder mit meiner Seele reden?

Du kannst in jedweder Form Gott erfahren. Du entscheidest über die Ausdrucksform. Es ist deine Wahl.

Also sind Engel Wesen der jenseitigen Welt?

Sie sind so real, wie du und ich, wie alles, was ist, wie die Schöpfung selbst, dessen Ausdruck Engel sind. Sie sind nicht getrennt von dir, ebenso wie du nicht getrennt von Gott, der Schöpfung, der Quelle allen Seins bist.

Ich kann also mit Engeln kommunizieren, sie um Hilfe bitten?

Aber ja.

Und wer spricht da zu mir, wenn sie im Grunde nicht wirklich existieren?

Sie existieren.

Hawk, du sprichst in Rätseln.

Engel sind Bestandteil des Göttlichen. Sie sind erfahrbar über das erweiterte Bewusstsein des Menschen. Solange du wählst, auf *diese Weise* Rat und Hilfe zu erbitten und dies dann auch *zulässt*, wird es geschehen.

Dann ist es ja wieder nur das Gesetz der Anziehung: was ich wähle...

...das tritt in Erscheinung, wenn du es zulässt.

Aber es gab schon zu allen Zeiten Engel. Leonardo da Vinci, Raffael, Michelangelo... haben sie gemalt, Shakespeare schrieb darüber, Martin Luther sprach von Engeln an seiner Seite,

Menschen sehen Engel, ohne dass sie darum gebeten oder sich je damit beschäftigt haben.

Engel sind multidimensionale Wesenheiten der Schöpfung. Sie sind jedem, der sich ihnen öffnet, zugänglich. Ihr `Bild` entspricht den Vorstellungen der jeweiligen Kultur und des jeweiligen Menschen, der Engel wahrnimmt.

Deshalb gibt es auch so unterschiedliche Erfahrungsberichte über sie.

So ist es.

In der Bibel steht, dass Gott sie uns zur Seite gestellt hat.

Wer bist du?

Ach, Hawk. Ich weiß schon. Ich bin Teil der Quelle, die ich bin.

Du bist der Schöpfer und die Schöpfung. Wenn du wählst, dass Engel an deiner Seite sind, die dich führen, beschützen, dich heilen...und du dies zulässt, wird es geschehen.

Was ist mit meinem Schutzengel? Du weißt, ich bin mit dieser Vorstellung groß geworden.

Dein Schutzengel ist Teil deines Seelen-Selbst. Deshalb ist diese Präsenz dir so nah - auch, weil du dich ihr in dieser (Vorstellungs-)Form öffnest.

Deshalb hat also jeder Mensch einen Schutzengel.

... um in diesem Bild zu bleiben, Regina.

Im christlichen Kontext wurden den Engeln Namen gegeben. Man spricht bezüglich der Engel auch von einer Hierarchie. Was sagst du dazu.

Die Menschen benutzen die Namen der Engel um eine Orientierung bezüglich der energetischen Ausrichtung zu haben.

...wie Erzengel Raphael, der als Heilengel gilt.

So ist es. Eine Hierarchie der Engel gibt es nicht. Noch einmal: Das, was du als Engel bezeichnest sind nichtinkarnierte reine göttliche Energieformen, eine Art multidimensionales Unterstützungssystem für den Menschen.

Bist du ein Engel, Hawk?

Ich bin individueller Ausdruck deiner Seele. Dies ist der Weg, den *du* gewählt hast, um mit mir, deinem Seelen-Selbst zu *kommunizieren*. Oder anders ausgedrückt: Du, dein menschliches Selbst schwingt auf der Frequenz deines göttlichen Selbst. Du bist in diesen Momenten Eins.

Bist du so etwas wie ein *Geistführer*?

Nun, diese Bezeichnung kommt dem sehr nahe.

Beschreibe mir noch einmal, wer du in Bezug zu mir bist, Hawk.

Deine *spirituelle Suche* nach dem Ursprung deines Seins hat eine Energie freigesetzt die dich mit mir, einem *Ausdruck deines göttlichen Seelenselbst*, verbunden hat.

Du, Hawk, bist also ein Teil meiner Seele im Jenseits. Das heißt, ich als Seele existiere in beiden Seinsbereichen.

So ist es. Jedoch möchte ich ergänzen: Im Grunde ist es kein Ort, sondern eine Art Zustand, der die Grenzenlosigkeit und Ewigkeit deines wahren Wesens, von dir Seele genannt, beschreibt.

Gut , und was genau tust du?

Ich bin *Ausdruck der von dir erschaffenen Energie*, Regina.

Das sagtest du bereits. Ich stehe mir also wirklich selbst zur Seite, Hawk?

So könnte man es ausdrücken: Dein göttliches Selbst verbunden mit deinem menschlichen Selbst und diese Verbundenheit hast du durch die Erweiterung deines Bewusstseins ermöglicht.

Deine Ausrichtung ist es also mir zu helfen?

Mit der Erweiterung deines Bewusstseins, Regina, findet eine Veränderung deiner energetischen Struktur statt. Bildlich gesprochen fange ich deine, durch Intentionen erzeugte Energie auf, welche ich dir nun als eine Art Licht auf deinem Weg zur Verfügung stelle.

Wow, Hawk. Das ist mal eine Aussage. Du bist mein Leuchtturm! Deshalb bist du mir so vertraut. Warst du auch schon in anderen Leben an meiner Seite?

Nun, was denkst du?

Ich denke schon, wenn ich mir selbst zur Seite stehe?

So ist es. Ich erscheine dir in diesem Leben als Hawk, weil es deiner ganz persönlichen psychischen Struktur entspricht.

Gut, das habe ich verstanden. Worin unterscheidet sich der Kontakt zu Verstorbenen?

Verstorbene haben einen direkten Bezug zu deinem Leben, deinen Vorfahren oder auch zu einer bestimmten Person, die um diesen Kontakt bittet. Da es im Jenseits keine Zeit gibt, sind sie jederzeit für jeden Menschen zugänglich.

Was sind dann, also lach jetzt nicht, spukende Geister?

Diese sogenannten Geister sind energetische Abdrücke eines emotional stark aufgeladenen Geschehens. Die Erfahrungen der Menschen , die darüber bzgl. bestimmter Orte berichten ähneln sich, da es sich hier eben um einen durch starke Emotionen erzeugten energetischen Abdruck handelt, welcher immer gleich ablaufende Muster erzeugt.

Da ist also kein Seelenaspekt hängen geblieben?

Jedes Seelenselbst kehrt nach dem Verlassen seiner körperlichen Hülle in die Einheit, in seinen göttlichen Ursprung zurück, um von dort wiederum neue Erfahrungen zu kreieren und damit Einfluss auf die gesamte Schöpfung zu nehmen.

Hellsichtige Menschen können verstorbene Wesen sehen, Hawk! Ich kannte jemanden, der einen Verstorbenen in einem ehemaligen Brunnen wahrgenommen hat. Diesbezügliche Nachforschungen ergaben, dass dieser Mensch in einer vergangenen Zeit dort ertrunken ist, oder ertränkt wurde. Er hat immer noch in diesem Brunnen gesessen, Hawk.

Nun, hier handelt es sich um eine emotional stark aufgeladene menschliche Erfahrung, die möglicherweise mit den zu dieser Zeit vorherrschenden Glaubensstrukturen zu tun hat. Aus dieser Prägung und Unbewusstheit heraus wurde eine Wahl bezüglich des Ablebens auf genau diese Weise getroffen. Das, was hellsichtige Menschen hier wahrnehmen ist dieser energetische Abdruck.

Erkläre mir das genauer, Hawk:

Wie ich schon sagte, bist du Schöpfer und Schöpfung. Auch diese Erscheinungen wurden von Menschen kreiert, als energetische Abdrücke einer sehr stark aufgeladenen Emotion oder Tat. Diese `Geschichte` bleibt dort `hängen`, erzählt sich sozusagen immer wieder neu. Menschen, die damit in Resonanz stehen oder aber die Gabe der Hellsichtig- oder -fühligkeit besitzen, nehmen diese Erscheinungen wahr.

Wie verhält es sich mit Dämonen? In manchen Kulturen sind diese sehr real. Ein Fluch kann da einen Menschen stark beeinflussen oder gar töten.

Es ist eine genau mit dieser Absicht *erschaffene Energie*. Der Glaube daran, bzw. eine niedrige Schwingung (Unbewusstheit) lässt es geschehen.

Was ist mit Menschen, die mit Verstorbenen kommunizieren und sogar glaubwürdige Botschaften übermitteln?

Nun, diese Menschen dehnen sich weit über ihre mentalen und körperlichen Sinneserfahrungen aus. Die in jedem Menschen angelegten medialen Fähigkeiten sind bei ihnen so gut entwickelt, dass sie in der Lage sind, mit Verstorbenen und / oder der geistigen Welt zu kommunizieren.

Werden diese Kontakte dann nur mit Seelen hergestellt, deren menschlicher Teilaspekt noch hier verweilt, weil es diese Ausrichtung gibt?

Nein. Es gibt Seelen, die diese Form der Kommunikation *wählen,* um Menschen zu unterstützen, beispielsweise etwas voran zu bringen, oder abzuschließen, um bestimmte Informationen zu vermitteln, auch um Leid zu lindern... immer aus reiner Liebe.

Noch einmal, Hawk: Es gibt also keine unerlösten Seelen?

Dies ist eine menschliche Vorstellung und widerspricht der vollkommenen Ordnung der Schöpfung. Dein wahres Selbst, dein göttlicher Teil vereint sich nach dem Verlassen der menschlichen Hülle wieder mit dem Teil deiner Seele, die als dein multidimensionaler Aspekt im Jenseits existiert (wobei Jenseits nicht als Ort zu verstehen ist)! Es ist das Eintauchen in die Einheit des Schöpfers.

Also kommen alle in den Himmel?

Ihr seid schon im Himmel, Regina.

Hm. Wie ist es mit Menschen, die ganz plötzlich sterben? Es gibt hellsichtige Menschen, die Verstorbene an bestimmten Orten wahrnehmen, wo zum Beispiel ein Unglück geschah. Nach deren Aussagen scheinen diese Verstorbenen ihr Leben weiterzuleben, ohne dass sie bemerken, was mit ihnen passiert ist.

Jede inkarnierte Seele vereint sich nach dem Tod auf dieser Erde wieder mit seinem göttlichen Selbst, und damit auch mit der Schöpferquelle, von dir Gott genannt. Nichts bleibt in der dreidimensionalen irdischen Welt `unerlöst` zurück. Seele ist multidimensional und als Teil des Schöpfers ist sich dieser göttliche Teil immer seiner selbst bewusst.

Was sehen diese Menschen denn dann an diesen Orten?

Sie sehen die Prägung des Geschehens oder auch das Potenzial dessen, was hätte geschehen können.

Zukünftiges?

Mit Potenzial spreche ich die Möglichkeiten an, die zu *jedem Zeitpunkt* existieren.

Das erklärt die unterschiedlichen Aussagen zu bestimmten Phänomenen.

Noch einmal die Frage, Hawk, weil ich mit dieser Prägung aufgewachsen bin: Es finden also alle den Weg ins Licht? Es existiert keine ewige Hölle?

Die Schöpfung enthält nichts Unvollkommenes, auch keine Geister, die als unerlöster Anteil der Seele vermutet werden. So etwas wie eine Hölle gibt es nicht. Reines göttliches Bewusstsein, du nennst es Seele, ist sich als Ausdruck der Schöpferquelle immer seiner selbst bewusst.

Weshalb haben so viele Menschen Angst vor dem Tod?

Sie haben vergessen, wer sie von ihrer wahren Natur her sind, ein ewiges Wesen.

Ist es möglich Bewusstheit im Sterben zu entwickeln, Hawk?

Du tust es bereits, liebe Regina. Auch solltest du wissen, dass du diesen Prozess schon viele Male durchlaufen bist. Er ist dir vertraut. Leben und Sterben sind nichts voneinander Getrenntes. Zumeist ist das Loslassen der physischen Hülle ein wunderschöner, sehr fried- und freudvoller Vorgang. Für sehr viele Wesen bedeutet der Tod eine *Befreiung* (aus menschlich- begrenzenden Strukturen) und die Geburt einen *Neuanfang* (ein euphorisches Hineinstürzen in ein neues menschliches Leben). Der Leben-Sterben-Lebenszyklus aus menschlicher Sicht ist jedoch auch als ein natürlicher Vorgang der *Verjüngung*, der Erneuerung des menschlichen physischen Körpers zu sehen.

Hawk, das hört sich wundervoll an. Letzteres ist mir noch gar nicht bewusst gewesen.

Es ist wundervolles System der Schöpfung, Regina, aus der Quelle reiner Liebe.

Es fühlt sich großartig an, Hawk.

Du erinnerst dich, Regina. Du und ich sind Eins!

Ich vergesse so leicht. Mir kommt noch eine Frage in den Sinn, Hawk: Was ist mit diffusen Empfindungen, die ich mitunter an bestimmten Orten habe?

Auch du spürst den energetischen Abdruck, den Menschen über ihre Emotionen an diesen Orten hinterlassen haben.

Weshalb kann ich so etwas spüren?

Energie enthält eine Information, die durch Emotionen stark aufgeladen wurde. Menschen mit einer hohen Sensitivität können diese Prägung wahrnehmen.

Erkläre mir das genauer!

Viele sensitive Menschen spüren die Energie von Gebäuden oder Plätzen. Ein Ort, an dem viel Leid geschah, enthält diese energetische Prägung - beispielsweise ein Schlachtfeld. Es ist ein energetischer Abdruck, der hinterlassen wurde.

Auch Licht- und kraftvolle Orte stehen für eben dieses Phänomen.

Dann ist also wirklich etwas dran, wenn ich meine Umgebung, zum Beispiel ein Hotelzimmer, als angenehm oder unangenehm empfinde?

So ist es. Menschen, die sich mit Wertschätzung und Liebe begegnen, hinterlassen andere Spuren, als Menschen, die sich in Kampf- und Abwehrspielen verfangen haben. Energie kennt weder Zeit noch Raum, somit ist alles ablesbar, jedwedes emotional aufgeladenes Geschehen. Für Menschen, die dafür offen sind, wird dies zur Information, zumeist über ihr Empfinden.

Kann ich etwas tun, wenn ich mich in einer Umgebung nicht wohlfühle?

Nun, Regina. Energie erhält durch dein Bewusstsein eine Ausrichtung. Dunkelheit (niedrigschwingende Energie) muss dem Licht (hochschwingende Energie) weichen. Visualisiere wie Licht den Raum / Ort durchflutet, wende dich deinem inneren Licht zu, lass die Liebe, die du bist, Raum einnehmen in dir und damit im Außen. Dies verändert deiner Ausrichtung entsprechend Räume und Situationen. Noch einmal: *Du bist der Schöpfer deiner Realität* und *niemand* kann in deine Schöpfung eingreifen, wenn du dies nicht zulässt!

Alles liegt in mir. Wie einfach und doch ...

Vertraue dir, Regina, deiner Schöpferkraft, deiner göttlichen Wesensnatur. *Bringe deinen Verstand zur Ruhe* und du trinkst aus der Quelle, die du bist.

Deine Worte lösen etwas in mir aus, Hawk: Trost, Vertrautheit, Liebe?

Du durchschaust die Illusion der Trennung, Regina, über die Verbindung mit deinem wahren Wesen.

...und es fühlt sich wirklich gut an. Danke, Hawk!

Die Macht der Gedanken

Hawk, wir müssen reden!

Reden wir, liebe Regina.

Es stellen sich mir noch Fragen zu Leben und Tod in Verbindung mit meinem Schöpfungspotenzial.

Nun, beantworten wir diese Fragen.

Wir?

Du und ich sind Eins! Vergiss das nicht.

Stimmt! Ich vergesse so leicht. Nun zu meiner Frage: Warum sterben Menschen ganz plötzlich zum Beispiel durch einen Unfall oder eine Katastrophe, wenn ich doch eine Wahl habe und sozusagen Schöpfer meiner Realität bin?

Auch `unvorhergesehene` Todes-Ereignisse weisen im Vorfeld Merkmale, Hinweise, Signale auf, die dieses Ereignis ankündigt.

Manchmal hört man in den Medien von Menschen, die beispielsweise nicht in ein Flugzeug gestiegen sind und dadurch einem Absturz entgangen sind. Ist es das, was du meinst?

Diese Menschen haben ihrer Intuition, der Stimme ihres inneren Wesens, Beachtung geschenkt.

...und die anderen hat es getroffen?

Die anderen haben beschlossen, auf diese Weise ihr menschliches Leben zu beenden.

Hawk, ist das wahr?

Du bist Schöpfer deiner Realität. Es gibt keine Zufälle. So etwas wie Schicksal existiert nicht. *Alles, was ist* entspricht deiner *Schöpfungsintention*, ob du dir nun dessen bewusst bist, oder nicht.

Das heißt, alles Leben entwickelt sich aus meiner Intention heraus, also auch das Ende meines menschlichen Lebens - mein Tod.

So ist es!

Aber Menschen, die plötzlich sterben, vor allem junge Menschen oder Kinder können sich das doch nicht erschaffen haben!

Auf einer Ebene ihres Seins war es ihre bewusste Entscheidung.

Erkläre mir das genauer, Hawk.

Was möchtest du wissen?

Im christlichen Glauben, mit dem ich groß geworden bin, sagt man, dass Gott über die wesentlichen Punkte des Lebens entscheidet, auch der Todeszeitpunkt stehe schon vor der Geburt fest. Ein geflügeltes Sprichwort bei meinen Eltern und Großeltern war: Der Mensch denkt, und Gott lenkt. Ich hatte immer den Eindruck, so bekam das Unerklärliche einen tieferen Sinn.

Du bist Schöpfer dessen, was du erlebst. Zu *jedem Zeitpunkt* deines Lebens kannst du eine *Wahl treffen*, wie sich dein Leben aus dir heraus entfalten soll. Anders ausgedrückt: Gott hat dir den freien Willen gegeben.

Das stimmt, so steht es in der Bibel.

Deshalb habe ich es so formuliert, Regina.

Gut, Hawk. Aber bezüglich des Todes stimmt es zumeist nicht. Viele unheilbar kranke Menschen möchten in jedem Fall weiterleben, also hier auf der Erde, aber nicht allen gelingt das. Die andern ereilt der Tod, obwohl sie gekämpft haben bis zum Schluss. Das macht für mich irgendwie keinen Sinn.

Sie waren unbewusst.

Es gibt also keinen vorher festgelegten Todeszeitpunkt?

Den gibt es nicht!

Aber trotzdem erwischt es auch Menschen, die aus meiner Sicht auf das Leben und nicht den Tod ausgerichtet waren, junge Mütter oder Väter zum Beispiel, die ihre Kinder ja noch aufwachsen sehen wollten.

Es hat sie nicht einfach so `erwischt`. Auch sie haben, auf einer ihnen nicht bewussten Ebene eine Wahl getroffen.

Hawk, ich verstehe es trotzdem nicht. Es gibt ja auch die Auffassung, dass wir uns vor unserer Geburt zum Beispiel für einen frühen Tod entschieden haben. Was sagst du denn dazu?

Du hast immer eine Wahl. Erinnere dich: Du bist der Schöpfer und auch die Schöpfung! Im Kreislauf des (menschlichen) Lebens gibt es viele Potenziale und Möglichkeiten. Du triffst die Wahl. Diese kann zu jedem beliebigen Zeitpunkt neu getroffen werden.

Also gibt es das nicht: einen Plan der Seele in Verbindung mit anderen Seelen?

Diese Ausrichtung gibt es.

Es gibt eine Ausrichtung und doch hab ich die freie Wahl? Aber da beißt die Katze sich doch in den Schwanz!

Beides stimmt, beides ist wahr! Du bist Schöpfer deiner Realität, also erschaffst du dir, ob nun bewusst oder unbewusst, auch die Umstände deines Todes. So gesehen triffst du eine Wahl. *Diese Wahl triffst du auch schon vor dem Eintritt in dein menschliches Leben*. Das schließt jedoch eine *neue Wahl* in Bezug zu Zeitpunkt und Umständen deines Todes nicht aus. Jede deiner Erfahrungen erweitert die Schöpfung, verändert sie. Aus deiner erlebten Wirklichkeit heraus triffst du immer neue Intentionen bezüglich deines Wachstums. Dieses vollzieht sich über jede Erfahrung und jede Erfahrung wiederum erweitert die gesamte Schöpfung. Von jedem Punkt deiner (neu erfahrenen) Wirklichkeit wirst du neue Intentionen aussenden, welche zu neuen Erfahrungen führen. Dies ist, was ich die Freude am Erschaffen, am Wachsen und Werden nennen möchte. Es ist dein Schöpfungspotenzial. Gott ist Schöpfer und Schöpfung in Einem. Und wenn du ein Aspekt Gottes bist...

...dann kann ich in jedem Augenblick eine neue Wahl treffen...

...und das Wesen Gottes in deinem Menschsein zum Ausdruck bringen, bis du eine neue Wahl bezüglich des Wechselns deiner Seinsform, von dir Tod genannt, triffst!

Und doch gelingt es auch sehr gläubigen oder sehr starken Menschen nicht, ihr Leben zum Beispiel bei einer schweren Krankheit zu erhalten.

Da gibt es mehrere Gründe:

-Sie wissen nicht um die Kraft ihres Schöpfungspotenzials.

-Ihre Ausrichtung ist nicht klar, beeinflusst durch Glaubenssätze, denen sie anhaften, wie der Glaube an unheilbare Krankheiten.

-Ihr Wunsch gesund zu werden, ergibt sich aus der Ablehnung des momentanen körperlichen Zustandes als nicht vollkommenen Ausdruck des Lebens. Hier existiert ein Widerstand gegenüber dem, was ist.

-Die eigentliche Ursache der Entstehung ihrer Krankheit, der in ihnen verdrängte Schmerz, wurde nicht erkannt .

-Die Angst steht der Heilung im Weg.

Oder : Es wurde die Wahl getroffen, dieses Leben zu beenden, da aus der Perspektive der Seele dieses menschliche Leben mit all seinen Erfahrungen vollkommen war ... um nur einige Gründe zu nennen. Der wichtigste Punkt hierbei ist jedoch: *Sie wissen nicht um ihr schöpferisches Potenzial, vertrauen sich nicht,* nicht ihrem Körper, nicht der Macht ihres Geistes und vor allem nicht ihrer göttlichen *grenzenlosen* Wesensnatur. Dies geschieht zumeist aus Unbewusstheit. *Noch einmal, Regina: Du erschaffst als reine Schöpfungsenergie die Essenz deines Lebens.*

Hawk, ich muss das nochmal fragen. Dann ist also der Tod keine von Gott beschlossene Sache?

Nähern wir uns dieser Frage von einer anderen Seite: Du verkörperst in deinem Menschsein diese grenzenlose Präsenz, von vielen Menschen Gott genannt. In der Bibel, die dir vertraut ist, findest du die Aussage, dass der Mensch als Abbild Gottes - ihm ähnlich geschaffen wurde. Nun, welche Aussage wird damit getroffen, Regina?

Heißt es, dass ich als individuelle Ausdrucksform Gottes Schöpfer meines Lebens und demnach auch Sterbens bin?

Genau, das heißt es und nun betrachte dies unter dem Aspekt, dass es keinen wirklichen Tod gibt!

...sondern nur ein Wechseln der Seinsform.

...aus menschlicher Sicht.

Hawk, du sagtest an einer anderen Stelle unseres Dialoges, dass meine Seele im Jenseits existiert *und* als körperlicher Ausdruck hier auf der Erde.

Deine Seele, als multidimensionaler Ausdruck der Schöpferquelle, schließt dein Menschsein mit ein, bringt es hervor und nimmt es wieder in sich auf. Mit der *liebenden grenzenlosen Präsenz*, von dir Gott genannt, *bist du immer und zu jedem Zeitpunkt verbunden*. Leben und Sterben vollzieht sich daher nur in der Welt deiner Gedanken.

Ich drehe mich im Kreis mit meinen Fragen, stimmt`s, Hawk?

Du schaust dir die Dinge nur aus verschiedenen Perspektiven an, um in die Tiefe zu gehen.

Aber, ich habe den Eindruck, dass es immer auf dasselbe herauskommt: den Schöpfungsaspekt, die Macht der Gedanken und die Wahl, die wir treffen.

Es ist gut darüber zu *wissen*, um dein volles *Schöpfungspotenzial* nutzen zu können, deine *Macht zu erkennen* und *Klarheit zu erlangen*, um *die Quelle reinen Bewusstseins in dir zu entdecken*.

Trotzdem scheint mir das nicht besonders gut zu gelingen.

Der Schlüssel liegt im Grunde im Sein, im *Gewahrsein*, weniger im Tun.

Aus deiner Sicht klingt alles so einfach, Hawk, aber das ist es nicht.

Es kommt auf die *Resonanz* an: Bist du in einer Schwingung von Angst, Leid und Verletzlichkeit..., dann erlebst du eine Welt die niemals sicher zu sein scheint, die stetig ihre Ausdrucksform und die damit verbundenen Emotionen ändert. So fühlst du dich ausgeliefert, ein *Opfer* dessen, was nicht beeinflussbar scheint, wie der auf körperlicher Ebene unvermeidliche Tod, der jedoch nur als das Loslassen der körperlichen Hülle gesehen werden kann.

Bist du dir deiner *liebenden grenzenlosen Präsenz* bewusst, so wird dein Leben von dir klar, bewusst und einfach und in *jeder Situation* friedvoll empfunden.

Wie kann es gelingen, mehr Einfluss auf diese, meine innere Welt zu nehmen?

Suche bewusst den Kontakt zu deiner inneren Weisheit, diese göttliche Präsenz, die sich dir durch liebevolle Klarheit mitteilt!

Noch einmal, Hawk: Was genau muss ich tun?

Aber du tust es doch schon, Regina! Du kommunizierst mit mir, als eine Möglichkeit *deiner inneren Weisheit* Ausdruck zu verleihen

Es ist einfach so passiert.

...weil du auf der Suche warst. *Deine spirituelle Ausrichtung* hat dich mit mir, einem Ausdruck deiner Seele, verbunden. Die permanente Gedankenaktivität und das stetige Funktionieren um ein scheinbares Überleben zu sichern, dies hast du durchbrochen. *Dabei entsteht dieser Raum*, der sich öffnet und zunehmend größer wird - ein Raum, *dein Seelenraum*, der dich, wenn du magst, mit allem verbindet, worum du bittest.

Aber dieser Raum ist nicht immer greifbar für mich, Hawk!

Sorge so oft es dir möglich ist für *Gedankenstille*, lasse dich hineinfallen in diesen Raum von Grenzenlosigkeit und Frieden. So öffnest du das Portal zu dieser Präsenz aus lichtvoller Klarheit und Liebe: Du, dein menschliches Selbst verbunden mit dir, deinem göttlichen Selbst.

Der Alltag zieht mich immer wieder da heraus. Ich scheine in zwei Welten zu leben, Hawk.

Werde dir *gewahr*, wie es in deiner *inneren Welt* aussieht, auch im Alltag. Diese *Bewusstheit* durchbricht das Eigenleben deines Verstandes. Damit ermöglichst du deinem göttlichen Wesen sich dir mitzuteilen. *Du dehnst dich aus in den Raum deiner Seele.* Somit ermöglichst du dem Leben, sich dir in jedem einzelnen Augenblick aus dieser Klarheit heraus zu offenbaren.

Langsam beginne ich zu bergreifen.

Be-Greifen ist gut, Regina. Du greifst nach etwas, das heißt du machst es dir zu Eigen, hantierst damit und schaust, was funktioniert und was nicht. Es ist besser, als *nur* auf Verstandes-Ebene zu bleiben.

Meinst du das ernst?

Aber ja, Regina. Sei still, nimm wahr, fühle das Leben, sei bewusst bis irgendwann ... *die Suche ein Ende hat*. Du bist da, bist es immer gewesen, niemals entfernt von deinem lichtvollen, liebenden Bewusstsein, *das du bist*.

Danke, Hawk!

Ein Lebensziel haben

Hawk?

Wir müssen reden?

Da gibt es noch einiges, das mir unklar erscheint. Im `Angesicht des Todes` muss ich dir diese Frage stellen: Es gibt in meinem Leben nichts zu erreichen? Es gibt wirklich kein Ziel, auf das ich hinarbeiten muss?

Es gibt nichts zu erreichen, Regina. So etwas wie ein Ziel kann es gar nicht geben. Das Leben, Gott schließt ein Ziel selbst aus.

Warum, Hawk?

Nun, aus deinem göttlichen, multidimensionalen Ursprung heraus existiert das, was du Tod nennst nicht. So wie du im Grunde deines Wesens Schöpfer bist, wirst du vom jeweiligen Standpunkt aus gesehen immer neue Intentionen hervorbringen. Dein unzerstörbares Wesen, deine Seele wird immer darauf aus sein, Neues zu kreieren. *Leben ist* in seinem Urgrund *Veränderung, Ausdehnung*, niemals Stillstand und da du Leben bist, unzerstörbares Leben, nun Regina...?

Kann es kein endgültiges Ziel geben?

So ist es.

In Bezug zu meinem menschliches Leben gibt es auch kein Ziel?

Auch hier findet Bewegung, Veränderung von Augenblick zu Augenblick statt, auf allen Ebenen deines Seins. Du bist frei, alles zu erleben, was du zu erleben wünschst.

Und die Voraussetzung dafür ist eine klare Ausrichtung meiner Gedanken.

...aus dem *bewussten Sein* heraus, liebe Regina.

Für mich ist es wichtig, glücklich zu sein im Leben. Kannst du mir dazu noch einmal etwas sagen?

Das, was du als Glücklich-Sein bezeichnest ist ein *Zustand reinen Seins*, dem kein Begehren, also keine Bedürfnisse zu Grunde liegen. Er beinhaltet die tiefe *Liebe, bedingungslose Akzeptanz und Wertschätzung dessen, was ist*. Es ist nichts, das es zu erreichen gilt: *Es ist das, was du bist!* Es ist der *Himmel*, der schon immer da ist.

Warum sind so viele Menschen auf der Suche nach dem Himmel auf Erden, wenn sie es doch von ihrer wahren Natur her sind?

Die Suchenden empfinden eine starke Trennung von der Quelle, von ihrem wahren Wesen. Zudem verfangen sie sich in Schmerz und Leid, weil sie Widerstand dem Leben gegenüber aufbauen. Aus diesem empfundenen Leid heraus treffen sie eine *neue* Wahl, die Wahl glücklich zu sein.

Ist das nicht Sinn und Zweck unseres Lebens?

Durch dein menschliches Sein erfährt das universelle Bewusstsein, die Schöpferquelle, Gott, das All-Eine... eine *Ausdehnung*. Leben wird sich immer neu kreieren, neue (Lebens-)Formen hervorbringen und wieder in sich aufnehmen. Das ist die Natur des Lebens, die Natur der Schöpfung, die Natur Gottes. Noch einmal: Du, Regina, als individueller Ausdruck des göttlichen, grenzenlosen Seins *entscheidest* frei darüber, was du *erleben, was du erschaffen* möchtest.

Aber ist es nicht grundsätzlich so, dass alle Menschen ein glückliches Leben anstreben?

So ist es! Es entspricht deiner energetische Grundstruktur im Einklang, in tiefer Liebe zu allem, was ist zu sein. *Glücklich zu sein heißt nichts anderes ,als in Verbindung mit der Quelle, mit deiner grenzenlosen liebevollen Präsenz zu sein.* Anders formuliert: *Bist du in der Liebe*, deiner wahren Wesensnatur *bist du glücklich*, unabhängig von den Ausdrucksformen deines menschlichen Lebens.

Und ist das nicht ein erklärtes Ziel?

Schau dir deine Seele an. Beschreibe ihr Wesen.

Ich sehe meine Seele als eine Quelle der Liebe, des vollkommenen inneren Friedens, auch der Leidenschaft. Sie ist verbunden mit dem Ursprung der Schöpfung, Gott genannt. Wenn ich ein Abbild Gottes bin, ist Liebe, Glückseligkeit das, was ich vom Wesen her bin.

Was ist Glück für dich?

Glücklich-Sein ist für mich ein Gefühl tiefempfundener Liebe zu meinen Mitmenschen, zur Natur, zum Leben allgemein, zu allem, was ich wahrnehme und erlebe. Es ist ein `ohne wenn und aber`, um es einfach auszudrücken.

Wenn du von deinem göttlichen Wesen her, allumfassende Liebe zum Leben als Ausdruck der Schöpfung bist, Regina, dann ist der Zustand des Glücklich-Seins ein Zustand *vollkommenen Eins-Seins mit allem, was ist*. Dies ist die Erfahrung vollkommener Hingabe an das Leben.

Weshalb gelingt es mir nicht auf Dauer, glücklich zu sein?

Durch deine permanente Gedankenaktivität, die auf Mustern des Überlebens gründet, verfängst du dich in der Illusion der Trennung von

Gott, von deiner göttlichen Präsenz die immer da ist.

Deshalb ist das Eins-Sein als empfundener Glücks-Zustand so erstrebenswert?

Nicht erstrebenswert, nicht als Ziel zu sehen!

Ja, ich verstehe. Eigentlich ist dies mein natürlicher Zustand, nur ich bin es, die sich immer wieder davon entfernt.

So ist es.

Also muss ich von der empfundenen Trennung in die Wahrnehmung der Verbundenheit gelangen.

Nicht muss, Regina.

Hawk!

Schauen wir uns dies noch einmal aus einer anderen Perspektive an: Wenn deine innere Wirklichkeit mit der äußeren Welt vollkommen Eins ist, was empfindest du dann?

... ein tiefes Gefühl des Da-Seins, friedliche Stille, Verbundenheit und vollkommene Annahme. Es fließt einfach das Leben, es fühlt sich leicht und ja, glücklich an.

Es ist das Schönste, was du dir und der Welt geben kannst, denn du bist in Kontakt mit deinem *Ursprung - grenzloses liebendes Sein*. In diesem Zustand, den du Glücklich-Sein nennst, erlebt auch deine unmittelbare Umwelt Auswirkungen dieser *allumfassenden Liebe und Gott-Präsenz*.

Es muss also doch ein Ziel sein, dies zu erreichen?

Es ist das, was du bist, deshalb kreisen deine Wünsche stets um diesen Zustand, den Zustand sich gut zu fühlen, den Zustand des Eins-Seins. *Bedingungslose Liebe und Akzeptanz ist die kraftvollste energetische Ausrichtung* und aus dieser Perspektive erlebst du, was es heißt wirklich zu leben, zu lieben, zu kreieren. Es ist das, was du von deinem Ursprung her bist. In Verbindung mit diesem Urgrund allen Lebens gibt es keine Fragen mehr, keinen Widerstand, nur vollkommenes liebendes Sein. Du nennst es Glücklich-Sein oder auch Glückseligkeit.

Also ist es kein Ziel, sondern ... ja was, Hawk?

Es ist deine wahre Natur, Regina.

Also muss ich schauen, dass ich `einen Fuß in die Tür kriege`.

...in die Tür, die immer offen steht, die dir den `Eintritt` ermöglicht in das, was schon da ist, immer da war und je sein wird: vollendete Schöpfung im vollkommenen, bewussten Sein. Es sei denn, du *wählst,* aus der Identifikation mit deiner Person, deiner Geschichte heraus weiter in der Illusion der Trennung zu leben und einem imaginären Schicksal ausgeliefert zu sein.

Danke, Hawk!

Die Energie des Lebens

Hawk, wir müssen reden.

Wunderbar, ich liebe unseren Dialog.

Du liebst ihn?

Es inspiriert mich.

Also mich auch.

Das wundert mich nicht, Regina.

Hawk, du nimmst mich nicht ernst.

Du nimmst *mich* nicht ernst, Regina.

Was? Das käme mir nie in den Sinn.

Verstehst du, worauf ich hinaus will?

Grad bin ich irgendwie blockiert.

Ich spreche als *Ausdruck deiner Seele* zu dir, Regina. *Du und ich sind Eins*, erinnerst du dich?

Es irritiert mich noch immer.

Erinnere dich einfach, so oft es dir möglich ist, *wer du bist*!

Gut. Eigentlich hat meine Frage genau damit zu tun, Hawk.

Was ist dir unklar, Regina?

Irgendwie gefällt mir die Vorstellung nicht, das ich `alles in der Hand habe`.

Das hast du gut formuliert, weißt du das?

Ja, aber es beunruhigt mich eher.

Warum?

Ich möchte Geborgenheit, einen Zufluchtsort, liebevolle Annahme durch Gott erfahren, mich zutiefst beschützt und getragen fühlen.

Wer bist du, Regina?

Ich weiß schon, Hawk.

Nun, wer bist du? Formuliere es mit deinen Worten.

Warum?

Du bist noch zu sehr im Kopf, in deinem Verstand. Du erfasst die Dinge zunächst nur dort. Erfahre, wer du bist auf allen Ebenen deines Seins.

Ich kann auch auf körperlicher Ebene erfahren, wer ich von meinem wahren Wesen her bin?

Aber ja, spüre in dich hinein. Sei ganz *in* deinem Körper, ohne einen Gedanken. Nimm einfach wahr, Regina.

Da ist eine pulsierende Kraft. Ich weiß, dass das mein Energiekörper ist. Man spricht auch von Lebensenergie.

Dies ist die Energie des Lebens, pulsierendes Leben, welches jede einzelne Zelle, jedes Organ, alle Teile deines physischen Körpers durchströmt, mit Leben erfüllt. Leben = Gott = Bewusstsein.

Deshalb spricht man also von Körperbewusstsein?

So ist es. Jede Zelle deines Körpers verfügt über Bewusstsein.

...Körperbewusstsein, welches Kinesiologen über den Muskeltest erfahrbar machen?

So ist es. Spüre, so oft es dir möglich ist, *in deinen Körper* hinein. Nimm dieses Pulsieren, deine *Lebensenergie* wahr. Lass deinen Verstand und auch Bilder außen vor. Nimm einfach nur wahr. So hast du ein Mittel, mit deinem inneren grenzenlosen Wesen in Kontakt zu sein.

Ist Lebensenergie, auch Chi genannt, gleichzusetzen mit Gott, mit der Urquellenergie, Hawk?

Die Lebensenergie hat ihren *Ursprung* im All-Einen, Un-Manifesten, in der Schöpferquelle. Dein Energiekörper = Lebensenergie wiederum stellt die *Verbindung zum physischen Körper*, also zur Materie her. Richtest du dein Bewusstsein auf das Innere deines Körpers, so ist es dir möglich, mit der allumfassenden Energie des Universums in Verbindung zu sein.

Deshalb sage ich auch `mein Körper`, weil aus der Quelle reinen Bewusstseins, die ich bin, dieser Körper erschaffen wurde, Hawk?

Dein physischer Körper, wurde als eine stark verdichtete energetische Form - Materie hervorgebracht, in dem das Bewusstsein deines göttlichen Wesens wirksam ist.

Mein göttliches Wesen ist auch Teil meines physischen Körpers?

Deine göttliche Wesensnatur, liebe Regina, findest du in deiner gesamten Zellstruktur.

Erkläre mir das, Hawk!

Dein göttlicher multidimensionaler Seelenaspekt ist Teil deiner DNA. Deine DNA enthält sozusagen neben deiner menschlichen Blaupause, die auf deinen Genen beruht, auch deinen göttlichen Abdruck. Sie ist multidimensional und das Tor zu deiner allumfassenden Weisheit. Sie enthält alles, was du jemals warst, bist oder sein wirst, in Bezug zu deinen Erdenleben. Dort findest du dein Potenzial und die Essenz all deiner Erfahrungen.

In meiner DNA steckt meine Göttlichkeit?

So ist es. Es ist der Teil deiner Seele, die auf der menschlichen Ebene mit dir verbunden ist.

Deshalb können sich manche Menschen an frühere Leben erinnern?

...weil dies als Information in ihrer DNA gespeichert ist. Sie durchbrechen den Schleier des Vergessens und *erinnern* sich, da dieser Abdruck, diese Information *in* ihnen enthalten ist.

Hawk, das ist es also, was Himmel und Erde verbindet?

Du bist ein multidimensionales Wesen, auch in deinem Menschsein. Diese Wesensnatur - deine Göttlichkeit ist *in dir* enthalten. Somit bist du in der Lage, sobald du dich erinnerst...

...wer ich von meiner wahren Wesensnatur her bin, Schöpfer und Schöpfung in einem...

...dich als Teil des Großen Ganzen wahrzunehmen und damit die Trennung von Allem was ist zu überwinden.

Es fühlt sich vertraut an.

Du erinnerst dich Regina. Die Essenz deiner Seele, die *in dir* enthalten ist mit allen Aspekten jeden von dir gelebten Lebens, dringt in dein Bewusstsein. Du durchbrichst den Schleier des Vergessens.

In vielen Träumen, auch mitunter in Tagträumen sah ich Bilder oder Geschehnisse, die real aber aus einer mir unbekannten Zeit schienen - mein Ich in einem anderen Körper. Sind das Erinnerungen vergangener Leben?

So ist es. Es sind Inkarnationen, die sehr tiefe emotionale Abdrücke hinterlassen haben und deshalb sehr präsent sind.

Deshalb spüren manche Menschen Ängste und haben auch körperliche Symptome, deren Ursprung nicht ausgemacht werden kann?

Wie ich schon einmal sagte, inkarniert jeder Mensch mit einer energetischen Prägung und diese Prägung zieht Menschen und Situationen an, welche damit in Resonanz stehen.

Also sind wir wieder beim Karma, Hawk.

Wie gehst du mit diesem menschlichen Konstrukt Karma um, Regina?

Ich habe zu jedem Zeitpunkt eine Wahl.

...aus dem bewussten Sein heraus, Regina. Ein unbewusster Mensch ist nicht in der Lage, eine Wahl zu treffen.

...ein Mensch, wie Liese auch nicht.

Liese hat eine Wahl getroffen, auf der Ebene ihres göttlichen Selbst, welches immer auch Einfluss auf ihr menschliches Selbst nehmen kann, wenn dies ihre Ausrichtung ist.

Da ist immer noch ein Widerstand in mir, Hawk. Es scheint mir kaum möglich, dass ihre Seele eine solche Wahl getroffen hat.

Nicht nur ihre Seele, Regina.

Ich weiß schon...

Nun nochmal zu meinem Körper, weil du sagtest, in ihn hinein zu spüren sei eine Möglichkeit, mit meiner wahren Wesensnatur verbunden zu sein.

So ist es.

Der Körper steht im Mittelpunkt vieler gesundheitlicher Konzepte.

Jedoch wird häufig *nur* der *äußere* Körper-Aspekt betont in der Welt, in der du lebst, Regina.

Ich weiß, die *innere Zuwendung*, also das In-sich hinein-spüren wird nur mit speziellen Übungen wie z.B. Yoga erfahrbar.

Jedoch ist genau dieses *Im-Köper-sein* äußerst wichtig, willst du mit deinem wahren Wesen in dauerhaftem Kontakt stehen.

Okay, das habe ich verstanden, Hawk. Was passiert nun auf der Ebene der Seele?

Warte noch, denn dieser Aspekt ist wirklich von Bedeutung, Regina. *Alles was du suchst*, findest du hier, *in* deinem physischen Sein. Es stellt die Brücke zu deiner wahren Identität dar: Grenzenlosigkeit, allumfassende Liebe, Ewigkeit. Wenn es dir möglich ist, *bleibe mit deiner Aufmerksamkeit in deinem Körper*, auch wenn du im Außen beschäftigt bist, wenn du Gespräche führst usw. Dein Denken führt dich *weg* von deinem Körper, weg von diesem Moment, doch das Verweilen *in deinem Körper* hält dich im *Jetzt*, lässt dich gewahr sein - deine allumfassende ewige Natur, deine licht- und liebevolle Präsenz.

Meine Aufmerksamkeit permanent auf das Innenleben meines Körpers zu richten scheint mir eher schwierig.

Versuche es, Regina. Sammle Erfahrungen damit. Erinnere dich, dass du über deinen physischen Körper, das Fließen der Energie wahrnimmst und über diese Verbindung ... Regina?

...mein göttliches Selbst, meine Seele.

So ist es. Diese, deine Gott-Natur zu erfahren, führt *über deinen Körper*, über das bewusste Sein *im* Körper.

Ich habe in einer Zeitschrift kürzlich einen Spruch einer Buddhistin gelesen: "Innere Unruhe und Stress entstehen immer dann, wenn Körper und Geist (Geist hier als Verstand betrachtet.) nicht am selben Ort sind." (S. Tayikyu Kuhn Shimu - Zen-Meisterin)

Treffender kann man es nicht ausdrücken, Regina. Gehe voller Achtsamkeit in den Moment des Jetzt.

Ich werde mich darum bemühen, Hawk, wirklich. Im Grunde liebe ich Zurückgezogenheit und Ruhe, natürlich im guten Wechsel mit Aktivität und Kommunikation. Aber Stille ist mir schon sehr vertraut.

Bleib nicht nur in der Stille, sondern *in dir* bei allen inneren und äußeren Aktivitäten. Es ist möglich, dies zu deiner wahren Seins-Natur werden zu lassen.

Was verstehst du mit inneren Aktivitäten?

Nun, damit meine ich die Aktivitäten des Verstandes.

...recherchieren, planen, Möglichkeiten erwägen, ein Buch lesen und gleichzeitig den eigenen Körper wahrnehmen?

Ein Teil deiner Aufmerksamkeit kann zu jeder Zeit in deinem Körper ruhen. Dies sorgt für eine intensive Präsenz, für die Verbindung mit deinem wahren Selbst.

Ich werde es versuchen, Hawk! Was passiert nun auf der Ebene der Seele?

Das Hineinspüren in deinen Körper ist äußerst wichtig, willst du mit deiner Seele in Kontakt sein.

Das sagtest du bereits.

Was nimmst du wahr, wenn du in deinen Körper hinein spürst?

...das Fließen der Energie des Lebens! Das hatten wir doch schon. Warte mal, Hawk. Ist mein Energiekörper Ausdruck meiner Seele?

So ist es. Deine Seele ist *Ausdruck* der einen Quelle, die als dein Energiekörper in dir und um dich herum pulsiert. Dieser stellt die Verbindung zwischen der Welt der Materie und der Quelle allen Seins her. Diese energetische Struktur geht aus der Dimension des All-Einen, der Urquelle allen Lebens, auch Gott, absolutes Bewusstsein, das Unmanifeste... genannt, hervor.

Die Verbindung zwischen Energiefeld und Seele ist mir unklar.

Nun, was ist der Energiekörper deiner Meinung nach?

Schwingung, Bewegung - das, was Leben ermöglicht?

So ist es.

Dein Gott-Bewusstsein, von dir Seele genannt, erfährt sich selbst, als ein Ausdruck der Schöpfung. Deine menschliche Erfahrung ist ein solcher Ausdruck und da du Schöpfer deiner Realität bist, Regina...?

...ist mein Energiefeld durch eben diese Schöpfung geprägt?

So ist es. Emotionen wie Wut, Angst, auch Trauer erzeugen ein Energiefeld niedriger Frequenzen, Emotionen wie Liebe, Wohlwollen und Mitgefühl schwingen in hoher Frequenz.

Deshalb können fast alle Menschen spüren, wenn sie einen Raum betreten, ob sie ein Feld der Harmonie oder z.B. der Aggression umgibt, ohne das auch nur ein Wort gesprochen wurde.

So ist es! *Energie enthält eine Information*, welche aus dem Bewusstsein des Menschen geboren wurde und welches ein Feld bildet.

Wenn ich spüre, ob mir Menschen oder Situationen gut tun, oder eben nicht, ist es also dieses Feld, mit dem ich in Berührung bin, Hawk?

Es sind die Informationen, die du aus diesem Feld aufnimmst, welche diese Empfindungen in dir auslösen. Es gibt einladende (weil hochschwingende) Menschen und Menschen, die sich aus einer Unbewusstheit heraus zum Beispiel in einer (niedrigen) Schwingung innerer Abwehr befinden.

Das spüre ich besonders auf engem Raum, wie öffentlichen Verkehrsmitteln, Wartezimmern, Restaurants. Mitunter habe ich da schon den Platz gewechselt. Noch einmal, Hawk: Ich sende also permanent eine Art Information über mein Energiefeld aus?

So ist es.

Entsprechend dieser Schwingungsfrequenz ziehe ich Menschen und Situationen in mein Leben, die so ticken wie ich.

Deine innere Realität bestimmt die Äußere - das Gesetz der Anziehung: Gleiches zieht Gleiches an.

Häufig werden dabei auch meine wunden Punkte gedrückt.

Du blickst in den Spiegel deiner Schöpfungen, Regina.

Die Farbe meines Bewusstseins bringt eine Energie hervor, die diese Farbe im Außen abbildet.

...und den Abdruck dieser Farbe, um in deinem Bild zu bleiben, findest du in deinem Körper als auch in deinem Umfeld - das, was du als Realität bezeichnest.

Gut, das habe ich verstanden. Was ich als Seele bezeichne, Hawk, gib mir noch einmal ein paar Informationen dazu!

Seele existiert auf multidimensionaler Ebene, sie ist mit Gott, verbunden - niemals getrennt von der Quelle allen Seins. Du als ein Teil deiner Seele bist mit allen Seelen verbunden. Erinnere dich an das Bild des einzelnen Tropfens als Teil des Ozeans, Regina.

Ich erinnere mich.

Deine Gott-Natur, Seele ist Bewusstsein in seiner reinsten Form. Dieses Bewusstsein bringt aus Leidenschaft zum schöpferischen Sein Energie hervor. Diese ermöglicht u.a. die menschliche Erfahrung, da diese den Ausdruck der Schöpfung erweitert. Deine Seele, als ein Teil von dem, was du Gott nennst, ist schon immer vollkommen. Sie erfährt sich im Kontext deiner menschlichen Realität.

Weshalb erhalte ich von dir Informationen?

Es war deine *reine Absicht, dich* auf diese Weise *an deine Gott-Natur zu erinnern*, Regina. Du hast das Tor zwischen dir als Mensch und dir als Seele über dein Hohes Selbst geöffnet.

...und es fühlt sich so gut an.

Es ist die Vertrautheit eines stillen inneren Friedens - ein Raum von unberührter Schönheit und vollkommener Liebe. *Es ist dein Ich Bin*, Regina.

So muss es wohl sein. Danke, Hawk.

Verbindung mit dem Seelen-Selbst

Hawk, wir müssen reden!

Du öffnest das Tor zu deiner Seele, du lässt mich herein, Regina!

...über mein hohes Selbst.

So ist es. Ich bin ein höher *schwingender Teil deines* Menschseins, d.h. meine Schwingungsfrequenz entspricht der deiner Seele. Durch bewusste spirituelle Ausrichtung deines Bewusstseins erschaffst du eine Energie, die dich auf diese Seelenebene trägt und damit ermöglichst du die Kommunikation mit deinem *göttlichen Selbst*.

Das war deine Erklärung zu meiner Frage, wer du, Hawk bist.

So ist es. Dein Bewusstsein ermöglicht diesen Kontakt über *seine Ausdehnung* hinein in dein wahres Wesen. Erinnere dich: Du und ich sind Eins!

Fast hätte ich es vergessen!

Du bist in einer lichtvollen Schwingung, Regina.

Nun ja, grad fühle ich mich gut. Aber nun zu meinem Anliegen.

Was möchtest du wissen?

Es geht noch einmal um das Energiefeld. Dort gibt es Blockaden, Dunkelheit, Störfelder - das, was zu Krankheit führt. Wie kann so etwas von meiner Seele hervorgebracht sein?

Das, was du als Blockaden, Dunkelheit, Störfelder bezeichnest ist eine *Eigenschaft* deines Energiekörpers, ein Ausdruck deiner *menschlichen* Erfahrung, den dieser *angenommen* hat, um deinen Körper zu `formen`.

Warum nimmt er solche Eigenschaften an?

Diese Eigenschaften sind Ausdruck deines, zumeist *unbewussten*, Schöpfungsprozesses.

Da sind wir ja wieder beim Erschaffen, bei der Wahl die ich treffe.

So ist es, Regina. Durch den Verlust des Bewusstseins deiner wahren Wesensnatur, d.h. über die *Identifikation mit deinem Verstand* erzeugst du Schmerz, welcher sich als *emotionaler Abdruck* in deinem Energie-Körper manifestiert. Dieser Abdruck, von dir Blockade, Dunkelheit, Störfelder genannt ist im Grunde nichts anderes als Energie, die nicht fließen kann, eine Art Schmerzfeld, eingeschlossene Energie.

Energie, die nicht fließen kann, als Ausdruck meines unbewussten Schöpfungsprozesses, geboren aus meinem vom Verstand geprägten menschlichen Selbst.

So ist es. Wer du jedoch von deiner wahren Wesensnatur her bist, *ewiges unzerstörbares Leben, kann niemals verdunkelt werden* und das weißt du auch.

Liebe, Wertschätzung, Mitgefühl erzeugen eine hohe Schwingung. Über dieses Feld bin ich dann meinem hohen Selbst, du sagtest es ist der höher schwingende Aspekt meines Menschseins, näher?

Über das Feld der Liebe öffnest du das Tor zu deinem wahren Selbst, Regina und damit zum Schöpfer, Gott, die eine Quelle oder wie immer du es nennen möchtest. *Deine göttliche Wesensnatur findest du in dir*, nicht an einem imaginären Ort.

Das heißt, ich bin niemals von Gott getrennt.

So ist es.

Und weil diese göttliche Wesensnatur in jedem Menschen zu finden ist, begegne ich sozusagen immer `meinem Gott` im Anderen.

Das hast du wunderbar ausgedrückt, Regina.

Nun komme ich aber noch einmal zu meinem Anliegen zurück, Hawk. Es irritiert mich, das ich sozusagen `alles in der Hand` habe.

Was fühlst du, wenn du deine Aufmerksamkeit ganz auf das Innere deines Körpers richtest, Regina?

Da ist ein tiefes Gefühl des Daseins, der Lebendigkeit, der Stille, aber auch der Verbundenheit zu einer Präsenz, die nicht von dieser Welt zu sein scheint.

Das ist, was du bist und diese *Erinnerung*, die du über das Erspüren deines Körpers auslösen kannst, ermöglicht dir die *Erfahrung* des vollkommenen Eins-Seins, des tiefen inneren Friedens.

Und damit geht es mir gut?

Probier es aus, spiele damit.

Diese Bewusstheit führt mich, aber wohin?

...in deine Kraft, Regina. *Sie offenbart dir deine Gott-Natur*, dein wahres Potenzial, und die Verbindung zu dieser Quelle lässt dich wirklich leben. Dies ist eine Art Ausdehnung hinein in dein multidimensionalen Wesen, eine Möglichkeit, die dich über deine menschliche Natur hinaus entwickeln lässt.

Dann gibt es kein Leid, keinen Schmerz, keine Angst mehr?

Dieses Emotionen wirst du von außen betrachten, ihren Ausdruck verfolgen können. Jedoch besitzt du in jedem Moment die *vollkommene Klarheit* darüber, dass dieser Ausdruck nur eine emotionale Reaktion innerhalb deiner menschlichen Erfahrung ist, sonst nichts.

Das heißt, ich verfange mich nicht mehr im Netz meiner Ängste?

...deiner Muster, die auf der Aktivität des Verstandes beruhen und dich aus Überlebensinstinkten heraus denken und handeln lassen.

Es ist also wieder einmal die Aktivität meines Verstandes, der bewertet, urteilt, begrenzt und mich in Leid und Schmerz festhält.

So ist es. *Hingabe*, vollkommene Hingabe an das Leben in all seinen Ausdrucksformen ermöglicht dir die Erfahrung deiner Seelennatur, du nennst es Glücklich-Sein. Es ist die Erfahrung des friedvollen liebenden Seins in jedem einzelnen Augenblick.

Alle Wege führen immer wieder zu mir, zu meiner wahren Wesensnatur.

Du bist der große Raum, in dem alles sein darf, aus dem alles hervor geht und wieder darin aufgenommen wird. Da ist nur das, was ist. Und nicht einmal mehr das.

Also habe ich doch `alles in der Hand`?

Bist du dir deines wahren Wesens vollkommen bewusst, wirst du das *fühlen* und du wirst wissen: *Dies ist, wer ich bin*!

Dann gibt es keine Irritationen mehr, die Wogen sind geglättet sozusagen?

Gibst du dich dem Augenblick vollkommen hin, erfährst du *bewusstes Sein* - deinen göttlichen Ursprung, dein wahres Wesen, liebe Regina. Dies ist der einzige Moment der zählt. Es ist der Punkt aus dem heraus sich Leben entfaltet, die Quelle der Schöpfung.

Hawk, diese Augenblicke lassen mich meine wahre Wesensnatur erahnen, wenn es auch manchmal nur ein Hauch davon ist.

Nun, du erinnerst dich, Regina!

Es könnten mehr dieser Augenblicke sein...

...wenn du sie zulässt.

Ich weiß! Danke, Hawk.

Das Wesen des Ego-Selbst

Hawk, wir müssen reden.

Der Raum der Stille lässt dich eine Ebene deines Bewusstseins erfahren, die mich, Hawk, einen Aspekt deiner Seele, hereinkommen lässt.

Ich staune noch immer über die Leichtigkeit, mit der dies passiert, Hawk.

Nun, du vertraust zunehmend mehr deiner wahren Wesensnatur, Regina. Was hast du auf dem Herzen?

Deinen Worten entnehme ich immer wieder einen wesentlichen Aspekt: Auf dem Weg zu innerem Frieden, Gelassenheit und tiefer Freude steht mir vor allem vor allem mein Ego im Weg, welches die Ursache für Leid und Schmerz zu sein scheint. Warum ist das Ego Teil des Mensch-Seins, wenn es uns doch nur im Wege steht?

Ist es so?

Jedenfalls hat es diesen negativen Aspekt der Ich-Bezogenheit, der Ich-Zentriertheit.

Zunächst erst einmal: Dein Ego ist nichts, was du ablehnen solltest. Es ermöglicht dir in der Raum-Zeit-Realität dich *als Ich zu erfahren*, dein individuelles Menschsein wahr- und anzunehmen. Es ermöglicht dir, zwischen Innen und Außen, Mein und Dein zu unterscheiden. Die Basis des Ego ist dein Verstand. Du benutzt diesen als Instrument zur Lösung bestimmter Aufgaben, analysierst, vergleichst, triffst eine Entscheidung. Genau dafür ist dein Denken bestimmt. Dein Ego ist zudem als Schöpfer deiner menschlichen Erfahrung zu sehen, da es dir in einer Welt der Polarität ermöglicht, Verlust und Geborgenheit, Freude und Leid, Liebe und Hass, Licht und Schatten... zu erfahren.

Wo ist das Problem, Hawk?

Es gibt da noch eine andere Seite deines Ego: Es hat eine Art *Eigenleben* entwickelt. Mit deinem Verstand formst du dir ein *Bild* davon, *wer du zu sein glaubst* - dein Selbst-Bild. Dieses basiert auf den erlernten Glaubenssätzen und dem Wertesystem vor deinem kulturellen und biographischen Hintergrund. Durch die, wenn auch unbewusste *Identifikation* mit deinem Verstand, agiert dieses Ego-Selbst aus einer sehr eingeschränkten Perspektive heraus: der Perspektive *der Geschichte, die du über dich erzählst*, über dein Umfeld, deine Mitmenschen, das Leben im Allgemeinen....

Diese eingeschränkte Perspektive macht unser Ego zum Problem?

Sieh es nicht als Problem, Regina. Werte nicht, ordne nicht ein, sondern nimm einfach nur wahr. Nimm zunächst wahr und akzeptiere dieses, von deinem Verstand geschaffene Selbst - dein Ego-Selbst. Dann schau, ob du aus dieser Perspektive in Verbindung mit deinem wahren Wesen bist.

Hawk, werde genauer.

Als Mensch trittst du ein in eine Welt von Raum und Zeit, in eine Welt der *Dualität*, wo alle Dinge in Beziehung zu ihrem Gegenteil existieren.

Auch dein Verstand ist dualistisch, analysiert, vergleicht, ordnet ein. Mit ihm fällst du Urteile über dich, über die Welt, über Andere. Die *Identifikation* mit diesem Konstrukt *Ego-Selbst*, die

Identifikation mit deiner Person, der Geschichte, die du über dich erzählst, lässt dich dein *göttliches Selbst* vergessen. Aus dieser genannten *Empfindung der Trennung* heraus entsteht emotionaler Schmerz.

...also Wut, Verzweiflung, Angst, Einsamkeit, Trauer, Selbstzweifel?

Warte, Regina. Da gibt es noch einen Aspekt: die Ebene der Zeit. Dein Menschsein bewegt sich aus dieser sehr begrenzten Sicht auf einer Zeitlinie, die sich von der Vergangenheit in die Zukunft bewegt. Nun ist es eine Eigenschaft des Ego, da dieses auf den Erfahrungen des Verstandes agiert, das Leben immer in Bezug zur Vergangenheit zu betrachten und einzuordnen bzw. die einzelnen Lebensaspekte in der Zukunft so umfassend, wie möglich absichern zu wollen.

Warum tut es das?

Nun, es benötigt Bestätigung, da es sich seiner Begrenztheit bewusst ist. Sicherheit und Zufriedenheit sind nie von langer Dauer, da es auf dieser Ebene des Mensch-Seins immer um ein Begehren geht, niemals um bewusstes Sein.

Also ist liegt das Problem darin, nie ganz bewusst im Hier und Jetzt zu sein.

So ist es. Das Wesen des Ego ist Angst: Angst vor dem Tod und die Angst, nicht geliebt zu werden. Angst entsteht immer in Bezug zu den Gedanken über das Leben, deine Person, deine Mitmenschen. Sie ist kein guter Ratgeber!

Gut, aber innerhalb dieses Begehrens, wie du sagst, gibt es auch Dinge und Situationen, mit denen es mir gut geht, die freudvoll sind und mich begeistern. Diese Freude wiederholt zu erleben macht für mich Sinn, Hawk.

Dies ist, was ich Bestätigung nannte. Dein Ego benötigt immer die Bestätigung gut, wertvoll, geachtet, inspirierend, schön zu sein, wahr- und angenommen zu werden. Dies ist sein Bedürfnis. Darunter liegt die Angst, nicht geliebt zu werden, die Angst vor sozialer Ausgrenzung, eine Urangst des Menschen.

Nicht alles scheint aus meiner Sicht auf einem Bedürfnis zu beruhen.

Die reine und tiefempfundene Freude am Sein erlebst du in der vollkommenen Präsenz im Augenblick. Dieser liegt kein Begehren zu Grunde.

Hm. Was ist zu tun, Hawk?

Sei dir der Aktivität deines Verstandes bewusst, schau wo er dich aus der *Gegenwart*, aus dem *Hier und Jetzt* herauszieht - sei achtsam! Erinnere dich, Regina, deine wahre Seelennatur erfährst du nur im bewussten Sein. Es ist der Punkt des Augenblicks und dieser Punkt enthält mehr Potenzial, als du auf linearer Ebene erfahren könntest.

Permanent *mit `Körper und Geist am selben Ort zu sein`*, Hawk - wie kann das gelingen?

Wenn du ein Brot isst, isst du dann ein Brot? Wenn du Auto fährst, fährst du dann Auto? Gibst du dich ganz dem Bügeln hin, wenn du bügelst? Gießt du in vollkommener Achtsamkeit die Blumen, duschst du in tiefer Hingabe an dieses Körperempfinden....?

Ich verstehe nicht, Hawk?

Nun, um am Beispiel des Brot-Essens zu bleiben: Genießt du jeden Bissen, nimmst du Konsistenz, Geschmacksnuancen wahr, spürst, wenn du die Nahrung herunter schluckst, wie sich dein Magen füllt...Regina.

Hm, nein so ist es eher nicht.

Selbst wenn du glaubst, in der Gegenwart zu agieren, bist du doch gedanklich in einer Perspektive der Vergangenheit oder willst ein Ziel - also einen Punkt in der Zukunft erreichen. Diese Gedankenaktivität raubt dir Kraft, sie zerrt an dir. Dies ist gemeint, wenn du sagst: Ich bin außer mir! Du bist nicht da, nicht in deinem Körper, nicht im Moment präsent.

Aber wir brauchen den Verstand, um unser Leben zu meistern, Hawk.

Du formulierst es richtig, genau dazu benötigst du deinen Verstand. Das Problem ist jedoch nicht der Verstand an sich, sondern dass du dich mit ihm *identifizierst,* mit dem Bild, welches er dir vorgaukelt. Man könnte sagen, dein Verstand ist von einem begleitenden Orchestermitglied zu einem unkontrollierbaren Dirigenten deines Lebens geworden.

Das hört sich ja schrecklich an, Hawk. Was ist passiert?

Die reine Gedankenaktivität zur Lebensbewältigung und Entwicklung ist hier nicht gemeint. Ich spreche von der *Daueraktivität* des Verstandes, welche ihren Urgrund in der empfundenen Unsicherheit hat. Er lässt dich nie zur Ruhe kommen, benötigt permanent Herausforderungen, die sich in Form Konflikten, Problemen, Dramen finden lassen. Du scheinst ihm regelrecht ausgeliefert zu sein.

Also du meinst, weil mir immer irgendwelche Gedanken durch den Kopf gehen?

...und diese dich damit vom Leben und von dir, deinem wahren Selbst wegziehen. Sie hindern dich daran, vollkommen bewusst, vollkommen präsent zu sein.

Es läuft immer auf das Eine hinaus: die vollkommene Präsenz im Augenblick, nicht wahr Hawk?

So ist es! Bewusste Präsenz im jeweiligen Moment ermöglicht dir das Eins-Sein mit deiner Gott-Natur. Dies bedeutet das Ende aller (selbsterzeugten) Konflikte, allen emotionalen Schmerzes, allen körperlichen Leides.

Noch einmal zum Ego-Selbst: Es zieht mich weg von meinem menschlichen Sein, von meinem göttlichen Selbst, von Allem was ist? Wie komme ich raus aus diesem Kreislauf, aus der Verhaftung mit meinem Ego, raus aus der Angst, Hawk?

Dein wahres Wesen ist *reines Bewusstsein*. Dieses findet seinen Ausdruck in der *vollkommenen Hingabe an das Leben*. Es erfährt sich über *das, was ist* einfach als Ausdruck von Erfahrungen in der Raum-Zeit-Dimension. Wahres zutiefst freudvolles Er-Leben geschieht immer in der *bewussten Achtsamkeit* dessen, *was im Moment ist*. Durch dieses bewusste Sein im Augenblick bist du *mit deinem wahren Wesen in Verbindung* und über diese Verbindung offenbart sich dir die Klarheit darüber, welche Wahl du bezüglich deines Lebens treffen wirst.

Die Ebene des Ego, als *eine aus dem Verstand erzeugte Identität*, wird dir immer nur Impulse des Überlebens geben, da es auf der Grundlage von Angst und Begehrlichkeiten agiert, deren Ursache auf den Erfahrungen der Vergangenheit beruhen. Daher will es die Zukunft `absichern`, was nicht möglich scheint. Es lässt dich mit dem Gefühl zurück, dem Leben ausgeliefert zu sein.

Somit entsteht Stress und noch mehr Angst und das Gefühl dem Leben, dem Schicksal ausgeliefert zu sein - ein Empfinden, welches ich nur zu gut kenne, Hawk.

Die Ausrichtung deines *hohen Selbst* (Gott-Natur, wahres Wesen, Seele...) ist immer *Liebe, Hingabe, Sinnlichkeit, Leidenschaft* da es als das *All-Eine* keine Trennung, keinen Schmerz, keine Verlustangst empfindet. Die Ausrichtung deines *Ego-Selbst* (das vom Verstand geformte Selbst-Bild), welches auf der Identifikation mit der Materie und der Zeit und der damit empfundenen Trennung von Gott, der Schöpferquelle basiert, entspringt der Angst: zusammengefasst der Angst vor dem Tod und der Angst nicht geliebt zu werden! Es agiert *immer* aus einer Art Überlebensinstinkt heraus!

Mein Ego-Selbst hat also eine Art Eigenleben entwickelt und welches mich in einer Art *Überlebensmodus* festhält?

So ist es, Regina. Es hält dich in der Vergangenheit oder Zukunft fest und zieht dich weg aus dem *Moment*, die einzige Möglichkeit das Leben mit allen Sinnen zu erfahren. *Tritt heraus aus dieser Identifikation*, heraus aus der Geschichte, die du über dich erzählst. Sieh dich als das, was du bist: *ein grenzenloses Wesen, das eine menschliche Erfahrung macht*. Und dieses allumfassende Wesen ist deine *wahre Natur, unzerstörbar, ewig, mit Allem verbunden was je war, ist oder sein wird*. Anders ausgedrückt: Du erfährst dein *Ich Bin*, weil du dich in deiner göttlichen Wesensnatur niemals getrennt von Gott, vom Leben, von Allem, was ist empfindest. Angst ist die Abwesenheit all dessen, ein vorgegaukeltes Szenario, was nur in deiner Einbildung existiert.

Wie kann ich denn nun ganz praktisch mein Ego in den Griff bekommen, Hawk?

Sei dir der *Ausrichtung deiner Gedanken* bewusst, *achte auf deine Gefühle* dabei und erkenne dann, auf welcher Seins-Ebene du dich befindest: Ist es die Ebene der Angst, Verteidigung, Verletzlichkeit oder ist es die Ebene der Liebe, Hingabe, Wertschätzung. *Nimm wahr, werte nicht*. In dieser Bewusstheit bist du in der Gegenwart, im *Jetzt* und die Ego-Ebene verliert ihren Einfluss. *Dies ist das Ende der Illusion von Leid und Schmerz.*

Trauer, Selbstzweifel, Wut, Einsamkeit und Angst - all das aus meiner eingebildeten Realität heraus?

Es ist eine Maske, die du trägst, Regina, die Maske deines Ego-Selbst. Lass deine Geschichte über dich, dein Leben, deine Mitmenschen los. *Nimm diese Maske ab* und *entdecke dahinter dein wahres Wesen*, deine Schöpfernatur, deine Liebe, dein Licht. *Dies ist, wer du bist*, Regina.

Die Maskerade des Ego zu beenden ist der Schlüssel, Hawk?

Integriere dein Ego-Selbst als Teil deiner Erfahrung als Mensch, lehne es nicht ab. Deine göttliche Wesensnatur erfährt das menschliche Leben auch in Bezug zu dieser Ebene, welche Dualität und Trennung beinhaltet. Das All-Eine manifestiert sich als Ausdruck von Gegensätzen. *Die Schöpfung beinhaltet Gegensätze, damit du eine Wahl treffen kannst.* Auch du vereinst Gegensätze in dir, einen männlichen und weiblichen Aspekt, Licht und Schatten, Gesundheit und Krankheit, Kraft und Hingabe... Nimm beide Seiten wahr und an. *Bleibe in deiner Wahrnehmung bewusst und du trinkst aus der Quelle, die du bist.*

Und diese Quelle birgt Frieden in sich und lebendige Freude, nicht wahr?

So ist es, Regina.

Dies scheint ein Weg, der sich lohnt.

Erfahre es, gib dich hin, spüre, nimm wahr...

Danke, Hawk.

Eine Wahl treffen

Hawk, wir müssen reden!

Ich bin da.

Mir ist noch so Vieles unklar. Ich weiß, ich wiederhole mich mit meinen Fragen, aber ich will wirklich Klarheit erlangen.

Weshalb willst du Klarheit erlangen, Regina?

...vor allem, damit es mir besser geht, um nicht permanent in einem Aufruhr von Gefühlen leben zu müssen, sondern um eine gewisse Leichtigkeit und Freude in meinem Leben zu erfahren. Vielleicht trifft es das: um mehr mit dem Leben zu fließen, Frieden zu finden - ja, so würde ich das formulieren.

Dein Wunsch bringt deine Sehnsucht zum Ausdruck Eins zu sein mit deiner Seele, deinem göttlichen Wesenskern. Die Wahrnehmung der Trennung von Spirit, Gott, dem All-Einen... oder wie immer du es nennen magst, ist eine Illusion und dein inneres Wesen weiß darum. Nun, was möchtest du wissen?

Weshalb ist mir oft nicht bewusst, dass ich eine Wahl habe.

Du hast das richtig formuliert, Regina. Eine *Wahl* zu treffen hat etwas mit *Bewusstheit* und der daraus resultierenden *Klarheit* zu tun.

...Klarheit worüber, Hawk?

...Klarheit darüber, dass du nicht an die Welt der Materie, der Form gebunden bist, Klarheit darüber, dass du von deinem Wesen, allumfassende Liebe, reines Bewusstsein, Schöpfer und Schöpfung in einem bist. Worte sind immer an Bilder gebunden und können nicht umfassend ausdrücken, was dein wahres Wesen, deine Seele ausmacht. Es ist die Essenz, welche allem zu Grunde liegt.

Wie kann ich zu dieser Klarheit gelangen, Hawk.

Auf der Ebene deiner Seele wirst du immer aus einem Zustand des inneren Friedens, der Verbundenheit zur Schöpfung deine Wahl treffen. Dabei bist du dir deines Ursprungs bewusst, der Quelle, die immer da ist, die dich immer nährt, die niemals versiegt, egal was sich im Außen zeigt. Trinkst du aus dieser Quelle, *wird deine Wahl immer rein und von tiefer Klarheit sein.*

Das heißt, wenn ich diesen Frieden, diese Stille in mir spüre, dann bin ich verbunden mit meiner Seele, dieser Gott-Präsenz?

So ist es. Diese Bewusstheit erlebst du als ein reines Gefühl der Freude, der Freiheit, der Liebe, der Stille und des tiefen Friedens. Dies geschieht nur im vollkommenen Gewahrsein, also der Präsenz im Jetzt.

Auf der Ebene des Ego, also meines imaginären Selbst-Bildes fühlt sich auch vieles gut an, Hawk, beispielsweise wenn mir ein gutes Essen gelungen ist, ich einen erfolgreichen Tag hatte, eine schöne Liebesnacht usw. Wie unterscheidet sich das?

Das, was du als `es fühlt sich gut an` bezeichnest ist die Emotion, welche mit der Materie verbunden ist. Dieses Gefühl steht immer in *Beziehung zum Außen*, es nährt sich nicht aus der Quelle, d.h. es ist *nicht beständig*, nicht ewig. Dein Ego-Selbst wird immer nach neuen Dingen Ausschau halten, die ihm wiederum die Befriedigung seines Bedürfnisses nach Bestätigung und Sicherheit ermöglichen. Darunter liegt immer Angst, Mangel, Verletzlichkeit.

Heißt das, man sollte keinen Besitz haben, nicht nach Erfolg streben, sich keine schönen Erlebnisse gönnen?

Selbstverständlich kannst du dein Leben aus dieser Perspektive erfahren. Du hast einen freien Willen, du bist Schöpfer deines Lebens. Und dies ist ein von dir gewählter Aspekt deines Lebens. Bleibe jedoch nicht in der *Identifikation* mit Schönheit, Anerkennung, Besitz, Erfolg, mit dem Außen. Nimm wahr, dass du unabhängig von Materie und Zeit existierst.

Im Grunde weiß ich, dass all die oben genannten Dinge nicht langfristig glücklich machen, Hawk.

So ist es. Du wirst, *bist du vollkommen bewusst*, erkennen, dass diese äußeren Dinge niemals für dauerhaften Frieden und gelebte tiefempfundene Freude sorgen können. Sie sind einfach nur *eine Ausdrucksmöglichkeit* des Lebens, eine Form von Erfahrung. Du, Regina, wählst, welche Erfahrungen du leben möchtest.

...weil ich Schöpfer meines Lebens, kraft meiner gedanklichen Ausrichtung bin.

Geschieht dies, auf der Ebene deines hohen Selbst, deiner Seele aus einer tiefempfundenen Leidenschaft heraus, Regina...?

....erlebe ich Frieden, Liebe und Freude, empfinde ich Klarheit, Dankbarkeit .

Dies existiert vor der Materie, unabhängig von Zeit und Raum. Diese allumfassende Liebe, diese friedvolle Stille, dieses alles erhellende Licht - sie *sind - ohne ihr Gegenteil*, Ausdruck des All-Einen. Es ist das, was dich ausmacht, was das Leben ausmacht, deine göttliche Präsenz - Gott in dir und du in Gott.

Erwachen

Wenn es das ist, was mich in meiner Ursubstanz ausmacht, warum ist es meiner Seele nicht möglich, sich intensiver in mein Menschsein einzumischen. Warum hält sie sich zurück, Hawk?

Du hast ein Leben auf dieser Erde gewählt mit der Intension, egal was passiert, niemals zu vergessen, wer du bist: ein göttliches, ewiges Wesen. Und du möchtest eines: Erfahren, wer du bist, in dieser Wirklichkeit, die du menschliches Leben nennst. Jedoch gehört mit dem Eintritt in die Welt der Dualität und Linearität das Vergessen dazu.

Warum, Hawk?

Um auf diese Weise die Schöpfung zu erweitern durch deine Wahl in Bezug zu deinem Leben, durch dein So Sein, durch deine Wünsche, Hoffnungen, Träume und Erfahrungen, durch deine Einflussnahme auf *das, was ist*, ob dies nun bewusst oder unbewusst geschieht. Es erfolgt immer eine Ausdehnung, eine Erweiterung der Schöpfung, durch jedes gelebte Leben.

Worauf gründet dann mein Wunsch, einen intensiveren Kontakt mit meinem wahren Wesen, meiner Seele, mit dem Göttlichen in mir herzustellen, wenn es doch egal ist?

Aus deiner Sicht ist es nicht egal, denn sonst würdest du diese Fragen nicht stellen. Du magst es nicht, wenn man dich begrenzt, wenn du Schmerz, Angst und Aufruhr empfindest , weil du in deinem tiefsten Inneren *weißt*, das dies von deinem Verstand geprägte Illusionen sind. Du *erinnerst* dich an deine wahre Natur! Dies hat eine *Bewusstseinserweiterung* zur Folge, die dich mit deiner wahren Wesensnatur verbindet, deine Gott-Natur.

Deshalb bist du da, Hawk?

So ist es. Dein hohes Selbst- erinnere dich, Regina, es ist das Portal zu deiner Seele - hilft dir, dich *zu erinnern*. Dieser höher schwingende Teil deines Menschseins verbindet dich mit deiner Gott-Natur, während dein Ego-Selbst dich auf der, an Materie und Zeit gebundenen Ebene festhält. Dieser (Spannungs-)Prozess ist es, der das Leben ausmacht, der Schöpfung ausmacht.

Noch einmal meine Frage, Hawk. Warum greift meine Seele nicht ein?

Was ist deine Seele, Regina?

Meine Seele ist zum Ausdruck gebrachtes Leben, Schöpfer und Schöpfung in einem. Gott in mir und ich in Gott - deine Worte, Hawk!

Warum greift Gott nicht in dein Leben ein, Regina?

Weil er uns einen freien Willen gegeben hat.

Nicht er!

Hm, es ist mir noch immer unvertraut, Gott als Quelle des Bewusstseins und damit auch als einen Teil von mir wahrzunehmen. Nun noch einmal die Frage: Weshalb suche ich so sehr den innigen Kontakt zu meiner Seele?

...um deine *wahre Wesensnatur* - deine Schöpferkraftdurch durch dieses Leben, durch dein

Sosein zu erfahren. Es ist deine Intention, deine Gott-Natur zum Ausdruck zu bringen, *weil es das ist, was du bist!* All deine bisherigen Erfahrungen haben dich an diesen Ort gebracht, den Ort der Erkenntnis, auch *Erwachen* genannt.

Erwachen?

Der Zustand deines Geistes, bevor du dich *erinnertest*, wer du in Wahrheit bist, glich dem einer, von deinem Ego gesteuerten, Marionette. Er hat dich erleben lassen, *was du nicht bist*: Angst, Endlichkeit, Begrenztheit begründet aus der scheinbaren Abhängigkeit von Materie und Zeit. Deine Suche nach Liebe und Freiheit, nach deinem wahren Wesen hat dich hierher geführt. Sie hat dich *wach* gerüttelt, deshalb *erwachen*. Über die Erkenntnis, was du nicht bist, hast du den Weg entdeckt, *dich erinnert, wer du bist*: Schöpfer und Schöpfung zugleich. Dein Wunsch ist es, deine wahre grenzenlose und ewige Natur, von dir Gott genannt, zu erfahren. Alle Menschen streben im Grunde danach!

Und was nun, Hawk?

Entziehe durch Bewusstheit der Ebene des Ego die Macht und gib deiner Göttlichkeit Raum sich zu entfalten.

Wie einfach, nicht wahr?

So ist es!

Hawk, das heißt also: Keinen Schmerz, kein Leid, keine Angst mehr zu empfinden?

Aus deiner *Unbewusstheit* heraus wirst du noch oft in Situationen geraten, die Schmerz und Leid hervorrufen. Diese Emotionen dann zulassen, jedoch nicht in der *Identifikation* damit zu bleiben, das ist *zunächst* der Weg.

Zunächst?

Nun, es kann auch deine Wahl sein, diese Emotionen in aller Tiefe zu erfahren und unbewusst zu bleiben.

...und ist dies nicht meine Wahl?

Nun, Regina, sei dir deiner wahren Wesensnatur, *Schöpfer* zu sein, vollkommen bewusst und *wähle* ein Leben in Balance. *Erschaffe* dir Situationen natürlicher Lebensfreude. Wenn dir die Gegenwart nicht gefällt, dann ändere sie.

Nicht immer ist das möglich, Hawk!

Bist du dir deiner wahren Natur bewusst, hast du immer eine Wahl, Regina: Nimm Einfluss auf, *das was ist*, bis es dir Freude bereitet oder entferne dich von diesem Ort. Ist beides nicht möglich, gib dich vollkommen hin, akzeptiere, nimm an. *Triff die Entscheidung, frei, in einem Gefühl tiefen inneren Friedens zu sein*. Selbstverständlich kannst du auch die Wahl treffen zu leiden und dich weiterhin mit deiner Geschichte darüber zu identifizieren.

Ach, Hawk. Ich drehe mich im Kreis mit meinen Fragen, stimmts?

Wie ich schon sagte, du umkreist die *eine Wahrheit*, näherst dich ihr mit deinen Fragen aus verschiedenen Richtungen. Deine Suche hat jedoch ein Ende, wenn du ganz in der Gegenwart bist, denn nur an diesem einen Punkt der *vollkommenen Akzeptanz dessen, was ist, der vollkommenen Hingabe an das Leben* gibt es keine Fragen mehr, keinen Schmerz, denn Schmerz bedeutet *In-Frage-Stellen* des Lebens, deiner eigenen Schöpfung.

Hawk, ich glaube, ich habe verstanden.

Gehe nicht über den Verstand Regina, löse dich von ihm. Sei ganz in der Erfahrung des *bewussten Seins*, dann bist du frei: *bewusst* eine Wahl zu treffen, *bewusst* den nächsten Schritt zu gehen, bewusst den Impuls für jedwede Veränderung zu setzen, die du wählst. Wer bist du, Regina?

Ich bin *alles, was ist*, immer war und je sein wird.

...alles, in diesem einen Augenblick.

Danke, Hawk.

Synchronisation und Wunder

Hawk, wir müssen reden!

Reden wir, Regina.

Unser Dialog, meine Verbindung zu dir - all das ist ganz spannend und aufregend für mich. Und weißt du, was mich total *verwundert*?

Das Leben ist voller Wunder, Regina. Öffne dich Ihnen und du wirst `an jeder Ecke` Wunder entdecken. Aber nun erzähle, was dich in Erstaunen versetzt.

Mein Lieblingssänger: Herbert Grönemeyer hat gerade wieder eine CD herausgebracht und weißt du wie die heißt?

Nun?

"Dauernd Jetzt!" und so viele Songs sprechen scheinbar genau davon, worüber wir hier reden.

Das ist *wundervoll*.

Lachst du über mich?

Nicht über dich, mit dir. Ich lache und erfreue mich, Regina. Erzähl weiter...

Also da heißt z.B. in einem Lied:

"*Wieder fällt derselbe Regen,*

es wird windig, es wird grau -

du denkst dich durch durchs Denken -

willst alles ganz genau durchschaun -

und den Regenbogen wirst du wiedermal nicht sehn ...

und du grübelst, du grübelst dich entzwei...

Genau davon reden wir die ganze Zeit, nicht wahr, Hawk? Der Verstand trennt uns vom Leben, vom Wunder des Lebens, seinen bunten Farben - dem Regenbogen...

Nicht der Verstand, sondern die Identifikation mit ihm, mit der Geschichte, die er über dich, das Leben...erzählt.

Ja stimmt. Hör zu Hawk, in dem Lied heißt es weiter:

...Jetzt scheint auch noch die Sonne-

die Sinne werden hell...

eigentlich sind wir bereits im Himmel -

im sechsten, siebten, wenn du willst...

ich sitz da und lausche still -

es ist ganz einfach... ..."

Also, es ist ganz einfach, Hawk: *Jetzt* bin ich eigentlich glücklich, im siebten Himmel sozusagen, nur meine Gedanken trennen mich von diesem Zustand - so ist es doch nicht wahr?

So ist es. Und dieser Zustand - wie du es nennst - ist immer da: *Dauernd Jetzt!* - oder anders ausgedrückt, er existiert unabhängig von Raum und Zeit, unabhängig von deinem Denken.

Diese CD mit so viel Weisheit und unser Dialog - eine tolle Synchronisation - einfach wundervoll, Hawk!

Das Leben ist voller Wunder und wenn du zu sehen - inne zu halten vermagst, dann offenbaren sie sich dir. Und wie, Regina?

...in der vollkommenen Präsenz im Augenblick.

...denn da löst sich alles auf, jede Geschichte, jeder Widerstand. Hier bist du ganz, eins mit deiner wahren Wesensnatur.

Wie schön, Hawk.

Wie schön, dass du zu hören, zu sehen, zu fühlen... vermagst, Regina.

Ein Leben voller Wunder, wie schön!

Das Leben ist wundervoll, Regina!

...wenn es mir gelingt, die Illusion von Dunkelheit und Trennung zu durchschauen.

...dann entdeckst du den *Himmel* im Licht deines Seins.

Danke, Hawk!

Krankheit

Hawk, wir müssen reden!

Ich bin da, Regina.

Da sind noch so viele Fragen und manches scheint aus meiner Perspektive keinen Sinn zu ergeben.

Was möchtest du wissen?

Wenn wir die Wahl haben, wenn wir Schöpfer unserer Realität sind, warum wählen wir so etwas Unvollkommenes wie Krankheit?

Krankheit ist etwas Unvollkommenes, Regina?

Jedenfalls würde ich Krankheit nicht als den vollkommenen Ausdruck der göttlichen Schöpfung bezeichnen.

`Alles was ist, ist gut, weil es ist!` Erinnerst du dich?

Ich erinnere mich. Du meinst also, Krankheit sei für etwas gut?

Krankheit ist der vollkommene Ausdruck der göttlichen Schöpfung!

Das verstehe ich nicht, Hawk!

Du bist Schöpfer deiner Realität, Regina.

Also, Krankheit wählt man sich jedenfalls nicht bewusst, würde ich sagen.

Sondern?

Der Körper gerät aus dem Gleichgewicht, wird infiziert oder durch einen Unfall beeinträchtigt . Da gibt es viele Möglichkeiten.

Hm. Was führt zu all diesen genannten Dingen?

Erkläre es mir!

Zunächst erst einmal: Das, worauf du deine Aufmerksamkeit richtest, ist der Impuls, den du als Schöpfer deiner Realität zum Ausdruck bringst.

Ich glaube nicht, dass wir unsere Gedanken auf bestimmte körperliche Symptome oder Krankheit allgemein ausrichten.

Alles, was dein Leben prägt entspricht deiner jeweiligen Schwingungsfrequenz, welche du mit deinem Körper ausagierst. Dein Körper ist verdichtete Energie, Materie / Form. Diese Form reagiert auf *jede* deiner gedanklichen *Konzentration* und die damit verbundene Emotion, Regina. Jedes Thema, welches Unfrieden, Angst, Stress, Hilflosigkeit... bei dir auslöst, wenn auch unbewusst, führt zu einer Disharmonie in deinem Körper. Oder anders ausgedrückt, es entspricht nicht der Schwingung deiner wahren Wesens-Natur.

Nicht alles was ich, im negativen Sinne, denke oder in mich aufnehme, löst gleich Krankheit aus, Hawk.

So ist es. Jedoch erinnere dich daran, dass jeder Gedanke eine Schwingung in sich trägt und diese Schwingung weitere Gedanken mit entsprechender Schwingungsfrequenz anzieht.

Das Gesetz der Resonanz: Gleiches zieht Gleiches an, ich weiß. Aber an welchem Punkt entsteht denn nun Krankheit daraus, Hawk?

Warte noch: Du bist *Schöpfer und Schöpfung in einem*, also bist du es auch, der Krankheit, als Ausdruck dessen, worauf deine Aufmerksamkeit *überwiegend* gerichtet ist, erschafft, ob nun bewusst oder unbewusst.

Also ist es wieder das Ego-Selbst, weil es auf der Ebene des Verstandes aus dem Empfinden von Angst, Trennung, Verletzlichkeit heraus agiert, welches mich krank werden lässt?

Aus einem Gefühl der Wertschätzung, der tiefempfundenen Liebe, und natürlichen Freude ist es *nicht* möglich, Krankheit zu manifestieren. Krankheit, also die Abwesenheit deines körperlichen Wohlbefindens, hast du erschaffen. Es gibt keine andere Instanz, die das tun könnte.

Im Umkehrschluss heißt das, ich kann ebenso Gesundheit, also körperliches Wohlbefinden manifestieren, indem ich meine Gedanken entsprechend ausrichte?

Einfach ausgedrückt, ja. Jedoch scheint es nicht so einfach, aus der Perspektive von Unwohlsein und Schmerz heraus, Gesundheit zu erschaffen.

Warum?

Dein Fokus liegt `automatisch` auf den Problemen, dem Mangel, auf Schmerz und Unvollkommenheit. Du beschäftigst dich dann zumeist mit Krankheit, mit einzelnen Symptomen, mit dem `was nicht stimmt`. Selbst ein Arzt stellt eine Diagnose, welche den Zustand der Abwesenheit von Wohlbefinden, als eine Art *selbsterfüllende Prophezeiung* festschreibt.

Mein Gott, sollte das denn ein Arzt nicht tun?

Wenn du zum Arzt gehst, erwartest du nicht genau das?

Ich will doch wissen, was ich habe.

Eben. Man gibt der *Abwesenheit von körperlichem Wohlbefinden* einen Namen, welcher dann mit einem bestimmten gedanklichen und dementsprechenden körperlichen Reaktionsmuster verbunden ist.

Sprich weiter, Hawk. Jetzt wird es spannend.

Bei einem Schnupfen, `weißt` du, dass du nach spätestens 2-3 Wochen wieder gesund bist, eine Schnittwunde heilt, nach deiner Erfahrung innerhalb weniger Tage usw. Krebs enthält ein Schreckensszenario, da die Prognose der Heilung offen bleibt und viele Menschen daran sterben. `Wüsstest` du, das dein Körper genauso in der Lage ist, seine Selbstheilungskräfte wie bei einem Schnupfen einzusetzen und wieder in sein körperliches Gleichgewicht zu gelangen, dann... Regina.

...würde Krebs genauso heilbar sein, wie die `normalen` Krankheiten?

Heilbar, dies impliziert eine Einwirkung von außen. Ich würde es so formulieren: Da dein Körper eine Erweiterung deines göttlichen Wesens ist, verfügt er über *Selbstheilungskräfte*, die diesen *aus jedem Zustand der Abwesenheit körperlichen Wohlbefindens* wieder in den Zustand vollkommener Gesundheit führen können, *wenn dies deine Wahl ist.*

Wie geschieht dies, Hawk.

Bist du in der Schwingungsessenz deiner Seele, auch inneres Wesen, göttliche Präsenz, Gott-Bewusstsein genannt, *geschieht Heilung.* Diese energetische Schwingung beeinflusst du durch das, was du über dich, dein Leben, denkst. Sind diese Gedanken mit einem Gefühl der natürlichen Freude, einem Wohlgefühl verbunden, dann geschieht eine *Ausrichtung* hin zu dem Zustand deines Wohlbefindens: *Heilung geschieht, Gesundheit manifestiert sich.* Wärest du in der Lage Gedanken von Krankheit und Schmerz vollkommen loszulassen und dich statt dessen ausschließlich auf alles auszurichten, was ein Wohlgefühl bei dir auslöst, was dich zutiefst erfreut, mit Leidenschaft erfüllt, könntest du vollkommene Gesundheit sehr schnell erlangen.

Aber so einfach ist es nicht, Hawk. Mein Leben gleicht eher einer Berg- und Talfahrt. Da gibt es die Höhen von Freude, Lust und Leidenschaft... dazwischen recht farblose Landschaften - das, was ich als Funktionieren bezeichne und eben diese tiefen Täler der Selbstzweifel, Ängste, Traurigkeit.

Dein physischer Körper, Regina, *dient dir* um Erfahrungen in dieser Raum-Zeit-Realität zu sammeln, um die Schöpfung um eben diese Erfahrungen zu erweitern. Er ist in seinem Zustand *Ausdruck des Gleichgewichts* zwischen niedrig schwingendem Bewusstsein (Aktivität des Ego-Selbst) und hohem Bewusstsein (Verbindung mit dem Göttlichen- oder Seelen-Selbst). Deine körperliche Verfassung zeigt dir also an, wie balanciert deine Gedanken und Emotionen sind. Anders ausgedrückt: Deine Gefühle und die damit verbundene Gedankenwelt dienen dir als Wegweiser dafür, in welcher Landschaft du dich gerade befindest, um in deinem Bild zu bleiben.

Es geht also darum, welche Wahl ich bezüglich der Schwingung meines Bewusstseins treffe.

So ist es. *Du bist die Meisterin*, Regina! Dein göttliches Selbst steht bereit, sobald du vertrauen kannst. Lass dich fallen, entspanne dich und gib deinem wahren Wesen Raum, dir seine Großartigkeit zu zeigen, die Höhen zu erklimmen und aus dieser Perspektive heraus zu agieren.

Du, Hawk, stehst für die Ebene meines Bewusstseins, die aus der Perspektive meiner göttlichen Wesensnatur auf das Leben schaut?

So ist es. Deine Suche hat dich immer wieder `Berge und Höhen` erklimmen lassen. Du hast dich in die hohe Schwingung deiner Seele verliebt, weil du darin dein wahres Wesen erkannt hast, Regina.

So habe ich dich gefunden, Hawk?

Du bist eine *Suchende* und der *Weitblick des Falken* lässt dich erkennen, wer du in *Wahrheit* bist.

Alles scheint einfach aus deiner Perspektive.

Erinnere dich, du und ich sind Eins.

Meine Seelen-Selbst mit mir, meinem menschlichen Selbst.

So ist es.

Nun noch einmal zu meiner Frage: Wie ist es möglich, vollkommen gesund zu sein?

Warum möchtest du den Zustand vollkommener Gesundheit erlangen, Regina?

Es fühlt sich einfach gut an. Das Leben in einem gesunden Körper ermöglicht ganz andere Erfahrungen, als in einem Körper der nicht mehr so leistungsfähig oder gar krank ist.

Es fühlt sich einfach gut an - was zieht das nach sich?

...gute, das heißt hochschwingende Gedanken?

So ist es, Regina. Die Energie deiner Gedanken erschafft deinen Körper. Sind das positive, hochschwingende Gedanken, muss der Zustand deines Körpers dies abbilden. Dieses Wohlgefühl wiederum zieht Gedanken und Emotionen nach sich, nun...Regina?

...die ebenfalls ein Wohlgefühl, dass heißt eine hohe Schwingung erzeugen.

So bist du in Harmonie mit deinem göttlichen Selbst. Dies ist deine wahre Natur und deshalb ist der Zustand deines Körpers ein Abbild dessen, was du über dich, das Leben, deine Mitmenschen...überwiegend denkst.

Das habe ich verstanden. Doch häufig sind es Selbstwert-Themen, die mir zu schaffen machen.

Es sind die Erfahrungen der Vergangenheit insbesondere der Kindheit und Jugend, die hier ihre Spuren hinterlassen. Schauen wir uns diese noch einmal an.

Die Prägungen der Kindheit

Wie wir an anderer Stelle schon einmal ausgeführt hatten bist du ein *soziales* Wesen, welches durch sein Umfeld *konditioniert* wurde, d.h. du bist durch geltende Wertvorstellungen und Glaubensmuster geprägt. Du bist als ein Kind deiner Eltern aufgewachsen, in einer Umgebung mit Geschwistern, Großeltern, Erziehungsträgern, Freunden usw. Da du als Kind zunächst abhängig bist von deinem sozialen Umfeld, übernimmst du `automatisch` deren Auffassung vom Leben und wie dieses funktioniert. Dieser Rahmen gibt dir Halt, aber er begrenzt dich auch in deinem Selbstausdruck, lässt dich nicht so sein, wie du von deinem wahren Wesen her bist.

Warum nicht, Hawk ?

Um von deinen Eltern geliebt, wahrgenommen und geachtet zu werden, befriedigst du im Grunde ihre Bedürfnisse. Ein kleines Beispiel: Wenn du dein Zimmer aufräumst, bist du eine Gute! Du bemühst dich, ihrem Bedürfnis nach Ordnung und Sauberkeit zu entsprechen, in dem du dein Zimmer aufräumst. Um ihre Liebe und Zuwendung zu erlangen tust du dies, unabhängig davon, ob du dich voller Freude in einem phantasiereichen Spiel befunden hast, welches du möglicherweise gerne am nächsten Tag weiter ausgelebt hättest.

Solche Situationen habe ich oft erlebt und ich habe mich entsprechend häufig unverstanden oder ungerecht behandelt gefühlt.

Liebe ist damit an Bedingungen geknüpft: du musst dich in einer bestimmten Weise verhalten, um Liebe erfahren zu können. Diese Einschränkung und die damit verbundenen Erfahrungen führen bei dir (und fast allen Menschen) dazu, sich anzupassen, sich in Frage zu stellen, sich schuldig zu fühlen usw. Die reine Liebe, die du von deinem wahren Wesen her bist, kann nicht uneingeschränkt zum Ausdruck gebracht werden. All dies geschieht seitens deiner Eltern unbewusst, da auch sie wiederum von ihren Eltern und ihrem sozialen Umfeld geprägt sind. Alle Eltern geben ihren Kindern das, was sie aus ihrer Erfahrung heraus leisten können. Wichtig ist die Erkenntnis, dass auf diese Weise von Generation zu Generation Glaubens- und Erziehungsmuster, Wertvorstellungen, aber auch emotionale Prägungen weiter gegeben werden.

Was meinst du mit emotionalen Prägungen?

Verlustangst ist z.B. eine starke energetische Schwingung, die in einem familiären System über Generationen präsent sein kann und so auf Kinder, da sie Teil dieses Systems sind, übertragen wird.

Ich verstehe, Hawk. Immerhin haben die Generationen vor uns Kriege, Vertreibung, Hungersnöte usw. mitgemacht.

...und obwohl ihr heute sicherer denn je seid, haben so viele Menschen diffuse Ängste: Ängste um die berufliche Sicherheit, um Gesundheit, um Partnerschaft - auch Flugangst und Phobien gehören dazu.

Damit hängt das zusammen?

Unter anderem. Schon im Mutterleib werden energetische Muster geprägt. Ein Säugling nimmt die energetische Schwingung seiner Mutter auf und obwohl er sich noch nicht verbal ausdrücken kann, spürt er die unbewussten Ängste seiner Eltern, insbesondere der Mutter.

Es kommt jedoch noch ein anderer Aspekt hinzu: die familiären Glaubensstrukturen deiner Familie. So `erbst` du die Migräne deiner Mutter, die Krampfadern deiner Urgroßmutter usw.

Aber es stimmt, diese Krankheiten liegen doch in meiner Familie.

...und die genetische Prägung ist vorhanden. Dies hat nicht zwangsläufig zur Folge, dass diese Prägung aktiv wird.

Was genau löst sie aus?

Du hörst, dass du sie `erben` kannst, du erwartest, dass sie eintreten können, und sie sind. Das ist die Wirkung des Gesetztes der Anziehung, Regina.

So hab ich das noch nicht gesehen.

Ich möchte noch einmal auf das familiäre Zusammenleben, auch auf Kinderbetreuungs- und Bildungseinrichtungen zurückkommen. So hast du z.B. `gelernt`, dass es nicht gut für dich ist, deine Gefühle uneingeschränkt zum Ausdruck zu bringen: Traurigkeit darf nicht gezeigt, Wut nicht ausgelebt, Angst nicht ausgedrückt werden. So schnell wie möglich soll sich ein Kind anpassen an gesellschaftliche Normen und Regeln. Es soll gut funktionieren, um dem (Leistungs-) System zu entsprechen. Eltern wollen ihrem Kind auf diese Weise auch das Leid eines unangepassten Kindes ersparen.

Das stimmt, Hawk. Da habe ich auch viele Fehler bei meinen Kindern gemacht.

Es war das, was dir diesbezüglich möglich war. Nun besitzt du eine andere Klarheit und bringst dein Leben entsprechend zum Ausdruck.

Schon in meiner Kindheit nahm ich wahr, dass Liebe, aber auch wirklicher Schmerz kaum körperlich oder verbal ausgedrückt wurde. Bei meinem Enkelkind ist das vollkommen anders.

Die reine und unschuldige Liebe eines Kindes wirkt(e) auf seine Umgebung häufig eher verstörend, da diese *vollkommene Liebe* eher eine Abwehrhaltung im Gegenüber auslöst(e).

Warum?

...weil diese Form der emotionalen Hingabe vom Umfeld des Kindes zumeist selbst niemals erlebt wurde. Auch Schmerz und Verzweiflung zu zeigen, Tränen fließen zu lassen wurde so nie erfahren. Dies alles geschah aus einer sehr starken Prägung des Überlebens heraus, Regina.

Mein Gott, Hawk. So ist es.

In jeder Familie wirken, unterschiedlich stark ausgeprägt, Glaubensstrukturen und Denkmuster tief in das energetische Schwingungsfeld des Kindes.

Also geht Krankheit auf unsere frühestens Kindheitserinnerungen zurück.

Die *Anknüpfungspunkte* sind dort zu finden, sobald eine Identifikation *mit der Geschichte erfolgt*. Kinder wollen immer geliebt und wertgeschätzt werden. Da dieses Bedürfnis nur unzureichend erfüllt wird, entsteht die Wahrnehmung beim Kind, unzulänglich und unvollkommen zu sein. Selbstzweifel, diffuse Ängste, eine geringe

Selbstachtung und mangelnde Selbstliebe sind die Prägungen dieser Kindheit. Bei manchen Menschen wirken sich emotionaler Schmerz, Lieblosigkeit und eine tiefempfundene Einsamkeit in Abhängigkeiten und Süchten aus. Es ist die Suche nach Anerkennung und Liebe die häufig dazu führt, über Leistung und Statussymbole, durch die Idealisierung von Stars, durch einen Partner, auch über Drogen ... diesem Bedürfnis zu entsprechen.

Das alles, weil Eltern ihre Kinder nicht bedingungslos lieben konnten?

...weil auch sie nicht um ihrer selbst willen geliebt wurden. Ich möchte betonen, hier gibt es keine Schuld, seitens der Eltern.

Selbst bei einem misshandelten Kind, Hawk?

Selbst dort sind die Eltern Opfer ihrer Geschichte, sonst würden sie so etwas nicht tun.

Hawk, das irritiert mich.

Ich weiß, Regina, denn nichts scheint Gewalt, Misshandlung und seelischen Missbrauch zu rechtfertigen.

Aber nun kann niemand seine Kindheit im Nachhinein ändern, Hawk - und noch immer frage ich mich, an welchem Punkt denn nun Krankheit aus diesen Begrenzungen, Verletzungen und Traumatas entsteht.

Auswirkungen deiner Kindheit werden dann zu körperlichen Symptomen und Krankheit, wenn du aus der Perspektive deines Ego-Selbst *fortwährend die Geschichte deines Schmerzes*, der Angst, des Mangels... *erzählst*. An den in der Vergangenheit erlebten Schmerz *knüpft wiederum neuer Schmerz an, weil du noch immer in der Energie deines Schmerzes schwingst*. Gleiches zieht Gleiches an. So bläht sich ein Schmerzfeld mit einer Art Eigenleben auf.

Wir sind wieder bei der Rolle des Denkens, der Rolle des Ego-Selbst angekommen, nicht wahr?

So ist es. Trainiere dein Bewusstsein darauf wahrzunehmen, *wie du dich fühlst* und in diesem

Zusammenhang in welche Richtung deine Gedanken gehen.

Bemühe dich darum, dich niemals mit Gedanken aufzuhalten, die eine niedrige Schwingung haben, oder die du nicht manifestieren willst. Du sagst häufig: Es zieht mich herunter! Genau das passiert, wenn du dem Drama in dir, durch die *Identifikation mit der schmerzvollen Vergangenheit,* Raum gibst . Verurteile dich nicht für deine Unbewusstheit, aber *übernimm nun die Kontrolle* über deinen Verstand. Erkenne: Energie = Schwingung = Information d.h. negative Gedanken = negative Emotionen = niedrige Schwingung = Potenzial für Krankheit.

Im Umkehrschluss heißt das also: Positive Gedanken = positive Emotionen = hohe Schwingung = Potenzial für Gesundheit.

So ist es! *Der Schwingungsfrequenz von Krankheit ist ein andere als die Schwingungsfrequenz von Gesundheit.*

Zusammengefasst heißt das also: Krankheit schwingt in einer niedrigen, Gesundheit in einer hohen Frequenz. Ich beeinflusse durch mein Denken diese Schwingungsmuster, welche wiederum den Zustand meines Körpers prägen. Ich bin es also, die sich Krankheit durch mein Denken `einlädt`?

Es gibt *keine physischen Ursachen* für das Entstehen einer Krankheit. Du allein hast sie `erschaffen` Kraft der Energie deiner Gedanken. An deinen Emotionen erkennst du, in welche Richtung dein Denken geht, in welcher Schwingung du dich gerade befindest. Verfestigen sich Gedanken des Widerstandes, des Unbehagens und Missfallens, werden die damit verbundenen Emotionen stärker und Regina...?

... ziehen noch mehr Erfahrungen, die mein Missfallen erregen und die damit verbundenen Emotionen an.

Wird dieser Prozess weiterhin ignoriert, d.h. änderst du dein Denken nicht, um die daraus resultierenden Emotionen / Schwingungen zu verändern, kommt es zu ersten körperlichen Symptomen, schließlich zur Störung = Krankheit. Dein Körper ist im Grunde der direkte Ausdruck dessen, welche Gedanken du *überwiegend* über dich, deine Mitmenschen, das Leben allgemein denkst.

Diese Gedanken wurzeln in deiner frühen Kindheit, prägen dich bis in die heutige Zeit, laufen vielfach *unbewusst* ab. Deshalb ist es wichtig, darüber *Bewusstheit* zu erlangen.

Ich habe wieder einmal `alles in der Hand`, nicht wahr?

Du bist der Schöpfer deiner Realität, Regina, ob nun bewusst oder unbewusst.

Zusammengefasst heißt das: Ich bin die Einzige, die wirklich Einfluss auf den Zustand meines Körpers nehmen kann. Somit habe ich es auch in der Hand, vollkommene Gesundheit zu manifestieren.

So ist es.

Danke, Hawk!

Der Weg heraus

Hawk, wir müssen reden:

Reden wir, Regina.

Wie komme ich denn nun heraus aus diesem Kreis von unbewusst ablaufenden Verhaltens- und Gedankenmustern?

Jeder Mensch, auch du Regina, ist im Urgrund seines Wesen in einer vollkommenen Ordnung, *immer*! Nur du bist es, die sich kraft deiner Gedanken und der damit verbundenen Emotionen aus dieser Ordnung heraus katapultiert.

Um gesund zu bleiben oder zu werden, muss es also mein erklärtes Ziel sein, einen Zustand der Harmonie zu erlangen, bzw. im Zustand des inneren Friedens zu bleiben.

In diesem Zustand bist du in *Resonanz mit deiner Seele, dem reinen Sein*. Wenn deine Intention, körperliches Wohlbefinden ist, nun...

... dann wähle ich Gedanken, die sich gut anfühlen.

Der Ausgangspunkt jedweder Wahl liegt immer im *Jetzt*. Aus der Gegenwart heraus bist du klar, *bewusst,* denn Angst agiert immer in Bezug zu Vergangenheit (Schmerz) oder Zukunft (Unsicherheit). Aus dem *Augenblick des Jetzt* heraus ist dein Bewusstsein, deine Wahrnehmung in Richtung Harmonie (Annahme dessen, was ist) ausgerichtet. So manifestierst du einen harmonischen körperlichen Zustand.

Wow, das hört sich wirklich einfach an.

Nun, es scheint nicht an dem zu sein, wenn ich sehe, wie viel Raum das Thema Krankheit in deiner Gesellschaft einnimmt und welche Folgen, nämlich die Manifestation von immer mehr Krankheiten, das zur Folge hat.

So hab ich das noch gar nicht gesehen.

Das, worauf du deine Gedanken richtest, manifestierst du. Noch einmal: Es ist gut, um die Zusammenhänge zwischen Gedanken und Verhaltensmustern zu wissen, damit aus dieser *Erkenntnis Bewusstheit* erwachsen kann. Durch *bewusstes Sein* gibst du Krankheit keinen Raum.

Helfen Therapien und Medikamente, um gesund zu werden?

Es wäre besser, die *Zusammenhänge zwischen physischer und nichtphysischer Ebene - zwischen Körper und Geist* besser zu verstehen, um dann im Zustand überwiegender Gesundheit zu bleiben. Heil-Methoden und - Mittel können zur Linderung von Krankheitssymptomen beitragen, um aus dieser Perspektive eine andere Ausrichtung zu ermöglichen. Sie werden immer *unzureichend* sein, da Krankheit nicht auf körperlicher Ebene entsteht, sondern *Ausdruck des gelebten Schmerzes* ist. Jedoch gilt auch hier: Die Erwartungshaltung, dass die verordnete Medizin hilft, lässt es geschehen.

So erklärt sich der Placebo-Effekt.

So ist es.

Verstehe ich richtig, Hawk, dass immer dann, wenn Krankheit, selbst bei Vorbeugungsmaßnahmen, ein Thema ist, wir sozusagen den Fokus auf Krankheit legen?

Die Angst vor Krankheit und die damit verbundenen Vermeidungsstrategien legen den Fokus auf das, was eigentlich vermieden werden soll.

Also, wenn ich beispielsweise zur Vorbeugung von Osteoporose Mineralien einnehme, ziehe ich mir genau diese Krankheit in mein Leben?

Geschieht dies aus genau der Intension *nicht* an Osteoporose zu erkranken, liegt deine Ausrichtung auf dem, was du *nicht* haben willst. Die energetische Ausrichtung liegt auf Krankheit. Sind deine Gedanken jedoch auf eine gute Versorgung deines Körpers mit Mineralien und der damit verbundenen Vitalität ausgerichtet, wirst du genau das an dir wahrnehmen. Noch einmal: Der Schwingungsfrequenz von Krankheit ist ein andere als die Schwingungsfrequenz von Gesundheit!

Nehmen Alzheimer- und Demenz-Erkrankungen fast epidemische Ausmaße an, weil diese

Krankheit ja in aller Munde und in den Medien permanent präsent ist?

Es ist einer der Gründe. Ein anderer ist die Ablehnung der Alten in deiner Gesellschaft.

Werde genauer, Hawk. Meine Mama hatte eine Demenzerkrankung und als Ärztin schien es besonders schwer für sie, nachdem die ersten Anzeichen in dieser Richtung gedeutet waren, den Verlauf dieser Krankheit auszuhalten. Ich weiß noch, dass sie oft die Frage nach dem Warum gestellt hat. Sie erzählte auch, dass man früher kaum Menschen kannte, die so schnell auf allen Ebenen abbauten. Sie ist auf einem Bauernhof groß geworden und da hätte es in der Umgebung mal den einen oder anderen gegeben, der damals als `irre` bezeichnet wurde, im Sinne - sein Verstand hat sich verirrt, aber das wäre wirklich die Ausnahme gewesen.

Hier spielen verschiedene Faktoren eine Rolle, Regina: Die *Lebensweise* des Menschen bezüglich seines physischen Körpers ist von Bedeutung, also Ernährung, Bewegung, Atmung.

Ein weiterer Aspekt ist der Grad der *Bewusstheit* des Menschen, all das, worüber wir gesprochen haben: *Eins-Sein am Punkt des jeweiligen Moments, ermöglicht die Verbindung mir der Gott-Natur, Seele genannt.* Aus dieser Klarheit heraus wird eine Wahl getroffen.

Auf einen weiteren Faktor sind wir hinreichend eingegangen: die ersten Anzeichen werden gedeutet und erhalten als Diagnose einen Namen, ein Schreckensszenario läuft ab.

Es sollte auch die Wahl deiner Mutter in Betracht gezogen werden, ihr menschliches Leben genau so, das heißt in einem Zustand des Vergessens, zu beenden.

Auch scheint ein wesentlicher Aspekt die Frage zu sein: Warum zieht sich ein Mensch auf diese Weise vom Leben zurück?

Warum?

Nun, wie wir schon einmal besprochen haben: Ein aktives Schmerzfeld nimmt in dem betroffenen Menschen immer wieder Raum ein, oder Aspekte seines Lebens begrenzen ihn stark in seinem Selbst-Ausdruck.

Was ist zu tun, Hawk?

Nimm dies zunächst wahr, sei dir dessen bewusst! Schau dann, wo du Veränderungen vornehmen kannst, die in Richtung Freude und Frieden gehen. Ist dies nicht möglich, verlasse diese Form des Lebensausdrucks. Eine dritte Möglichkeit besteht in der vollkommenen Annahme dessen, was ist.

Meine Mutter hat `die Situation` verlassen?

Nun, es könnte so sein und nur sie, ihr *Hohes Selbst*, kennt die Gründe dafür. Oder sie hat keine bewusste Wahl getroffen und das Schreckensszenario nahm, auf Grund des Gesetzes der Anziehung, seinen Lauf.

Letzteres könnte auch zutreffen, denn diese Krankheit beherrschte dann fortwährend ihr Leben.

Es gibt immer mehrere Gründe für Krankheit und die meisten Auslöser sind den Menschen unbewusst. Der Körper sendet lediglich ein Signal, welches zumeist als Symptom *wahrgenommen*, aber nicht *gedeutet* wird. Somit können einzelne Symptome sich zu Krankheit manifestieren, da aus der Nichtbeachtung der *geistig-*

seelischen Ursache, über den Körper nun eine deutlichere Aussage getroffen wird.

Es gibt da schon Bücher z.B. von Louise Hay, die die Botschaft von Krankheiten deutlich macht.

Du hast es richtig formuliert. Jedes Symptom, jede Krankheit trägt eine Botschaft in sich - zunächst, dass etwas aus der Ordnung, aus dem Gleichgewicht oder der Harmonie gefallen ist. Dieses Etwas gilt es zu erkennen, damit der Mensch wieder heil / ganz werden kann. Bücher können bei dieser Selbsterkenntnis Wegweiser sein.

Es ist also wichtig, seinen durch emotionale Verletzungen entstandenen und tief verdrängten Schmerz zu erkennen?

...ins Licht zu holen, wo er sich dann auflösen wird. Allein die Betrachtung durchbricht die Identifikation mit ihm. Du bist nicht dein Schatten, dein Schmerz, dein unglückliches verzweifeltes, ängstliches kleines Selbst. Du bist *reines Bewusstsein.* Die göttliche Quelle allen Seins findest du in dir und zu dieser Quelle hast du Zugang durch *bewusstes Sein*. In diesem Licht deines wahren Wesens transformiert die Dunkelheit in dir.

Wie können denn dann Medikamente oder andere Mittel wirken?

Die Behandlung auf funktionaler Ebene muss immer unzureichend bleiben, da diese den verdrängten Schmerz nicht sichtbar macht. Somit wird sich dieses Schmerzfeld zu einem späteren Zeitpunkt wiederum körperlich manifestieren.

Es hat also alles mit dem Grad der Bewusstheit zu tun. Ich bin Schöpfer meiner Wirklichkeit und deshalb bin ich es auch, die durch Unbewusstheit Krankheit Raum gibt.

So ist es. Dein natürlicher Zustand ist der vollkommener Gesundheit. Erlebst du etwas anderes, ist der natürliche Fluss deines Wohlbefindens durch inneren Widerstand beeinträchtigt. Es geht darum, auf deine emotionale Balance zu achten. Ist deine emotionale Landschaft überwiegend von Freude, Liebe und Harmonie geprägt, bist du in einer Schwingung von Gesundheit. Sind deine Gedanken der Nährboden für Angst, Trauer, Verletzlichkeit... birgt dies die

Grundlage für Disharmonie innerhalb deines physischen und Energiekörpers. Symptome von Unwohlsein bahnen sich den Weg in dein Bewusstsein, Krankheit manifestiert sich.

... und aus der bewussten Präsenz im Augenblick erkenne ich, auf welcher Schwingungsebene ich mich gerade befinde.

Noch einmal, Regina: Durch *Gewahrsein* gibst du Krankheit keinen Raum. An diesem Punkt, dem Punkt des *Eins-seins* mit deinem wahren Wesen, deiner Gott-Natur bist du in der Schwingung von Frieden, Liebe, Mitgefühl und Dankbarkeit. Du nennst es Glücklichsein. Dies ist die Frequenz von Gesundheit und Wohlbefinden.

Mein Körper ist also der Ausdruck dessen, was ich denke und fühle?

... welchen Gedanken, du überwiegend das `Feld` überlässt.

Hm. Es ist nicht einfach, vollkommene Gedankenkontrolle zu erlangen, Hawk!

Widme den Gedanken, die nicht für ein gutes Gefühl in dir sorgen, die auch auf körperlicher Ebene eine Anspannung signalisieren, keine Aufmerksamkeit. Lass sie ziehen und wähle Gedanken, die sich besser anfühlen, die Spannungszustände im Körper lösen.

Deshalb betontest du dieses Im-Körper-Sein, um auch auf dieser Ebene zu erspüren, wo ich im Widerstand bin.

Es ist die Verankerung deiner Aufmerksamkeit im Jetzt, Regina, die dich bewusst und klar sein lässt.

Das habe ich verstanden, Hawk.

Wenn du dich überwiegend in einem Zustand natürlicher Freude befinden würdest, wäre der Ausdruck deiner Schöpfung ein junger gesunder Körper.

Im Grunde ist es einfach, nicht wahr?

Du wirst zunehmend mehr Bewusstheit entwickeln, Regina. Übung macht den Meister! - ein altes Sprichwort. Sei der Meister deines Lebens. Erschaffe dir einen Körper vollkommener Balance. Kreiere dir ein Leben, welches von Inspiration, Kreativität und Freude am Sein geprägt ist.

Zusammengefasst geht es im Grunde um das aufgeben des inneren Widerstandes gegenüber Aspekten meines Lebens, durch vollkommene Präsenz in der Wirklichkeit.

Es geht um die Wahrnehmung und bewusste Ausrichtung deines schöpferischen Potenzials, Regina. *Gib der Vollkommenheit deiner Gott-Natur Raum und Du bist.*

Danke, Hawk.

Unfälle und Verletzungen

Hawk, wir müssen reden!

Reden wir.

Weshalb geschehen Unfälle im Leben mancher Menschen? Gibt es so etwas wie Schicksal?

Was denkst du, Regina?

Ich kannte eine Frau, die wurde kurz hintereinander in mehrere Unfälle verwickelt. Selbst ein Wildschwein ist ausgerechnet in ihr Auto hineingelaufen, obwohl im dichten Berufsverkehr hunderte von Autos auf der Straße waren.

Die innere Realität bestimmt die äußere, nicht umgekehrt.

Selbst wenn ich mir den Fuß stoße?

Zunächst ist dies ein direkter Ausdruck dafür, dass `Körper und Geist nicht am selben Ort sind`!

Hawk, machst du dich lustig über mich?

Wärest du in der bewussten Wahrnehmung, würdest du Hindernissen aus dem Weg gehen, bzw. das Leben würde sich nicht auf diese Weise mitteilen müssen.

Ach so meinst du das.

Bei Unfällen und Verletzungen ist es hilfreich, in die Stille zu gehen und sich zu fragen: Weshalb muss das Leben auf die Bremse treten, mich aus der Bahn werfen, mich zur Ruhe zwingen. Wo will eine Veränderung herbei geführt, ein anderer Weg eingeschlagen werden... usw.

Wir haben uns unsere Unfälle selbst gewählt, Hawk?

Hier ist sozusagen eine `innere Bereitschaft` gegeben. Der *Widerstand gegenüber einigen As-*

pekten des Lebens löst Emotionen wie Abwehr, Stress, ein Gefühl des `In-die-Enge-getriebenseins` aus. Unfälle und Verletzungen, hierzu zähle ich auch die seelischen Verletzungen, machen in direkter Form die *innere Konfrontation mit dem Leben* im Außen sichtbar.

Es sollte zudem in Erwägung gezogen werden, dass hier eine Wahl aus einer höheren Perspektive getroffen wurde, dem Leben eine neue Richtung zu geben, oder aber, dieses Leben auf eine solche Weise zu beenden, da es in seinem Ausdruck vollkommen war.

Du sprichst von der Wahl aus der Seelenperspektive heraus?

So ist es.

Diese Wahl kann beinhalten, das Leben durch einen Unfall zu beenden?

Genau in dieser Weise.

Häufig sind auch andere Menschen involviert und betroffen, Hawk.

In diesem Fall basiert das Geschehen auf der gemeinsamen Wahl aller daran beteiligten Seelen. Ich möchte dich aber nochmals daran erinnern, dass es aus der Perspektive der Seele keinen Tod gibt.

Hm, ich vergesse so leicht. Noch eine Frage: Warum musste bei einigen Menschen das `Leben auf die Bremse treten`?

Sie sind nicht verbunden mit der Schwingung ihres wahren Wesens.

Das ist der Grund?

Fühlst du dich wohl, bist du in schwingungsmäßiger Harmonie mit deiner Seele, die immer vollkommen - in Balance ist, dann spiegelt sich diese Harmonie auch in deinem Leben wieder.

Da muss ich also zusehen, dass ich inneren Frieden erlange!

...aus der *bewussten Präsenz in der Wirklichkeit*. Diese lässt eine (gedankliche) Abwehrhaltung nicht zu, so dass du den freien Fluss der Lebensenergie nicht begrenzt.

Das Leben fließt... ich bin im Flow, wie man heute sagt.

So ist es. Du bist der Schöpfer deiner Realität. So etwas wie Schicksal oder Zufälle gibt es nicht.

Wie könnte es bei Gott Zufälle geben!

...wenn du göttlicher Wesensnatur bist.

Gott in mir und ich in Gott.

Eine wundervolle Aussage, Regina. Du im Licht deiner Seele.

Danke, Hawk.

Ich danke dir!

Ja, ich weiß. Du und ich sind Eins.

Emotionale Prägungen

Hawk, wir müssen reden!

Reden wir, Regina.

Krankheit ist ein mit Angst besetztes Thema für mich, Hawk.

Wo soll das Licht deiner Seele wirksam werden, um die Dunkelheit deiner Ängste aufzulösen?

Das Licht meiner Seele - ein schönes Bild!

Dein göttliches Selbst mit deinem menschlichen Selbst, Du mit Dir.

Danke, dass du mich daran erinnerst, Hawk. Nun zu meinem Anliegen: Ich möchte wirklich wissen, ob es möglich ist, vollkommene Gesundheit dauerhaft zu erlangen.

In der Welt der Gegensätze werden Gesundheit und Krankheit immer nebeneinander existieren, Regina. Auch wenn du deinen Körper als gesund (Symptom-frei) empfindest, wird es doch immer Prozesse in deinem physischen Körper geben, die in der Regulation sind. In welche Richtung der Schalter umschlägt, in die Richtung von Gesundheit oder in die Richtung von Krankheit, das liegt an dir: Welche Wahl triffst du bezüglich der Gedanken, die du über dich, deinen Körper, dein Leben denkst. Oder anders ausgedrückt, wie *bewusst kannst* du, als *Meister deines Lebens*, die Vollkommenheit deiner Wesensnatur *zulassen?*

Also ist es von großer Bedeutung, auf meine Gefühle zu achten, da mir diese anzeigen, in welche Richtung mein Denken geht?

Deine *Gefühle* sind das *Verbindungsstück* zu deiner *Seele*. Einfach ausgedrückt: Fühlst du dich gut, bist du in Schwingungsharmonie mit deiner Seele = Schwingung von Gesundheit. Fühlst du dich nicht gut, bist du getrennt von der Intention deines wahren Wesens. Du schwingst in einer Frequenz von Schmerz und Leid = Schwingung von Krankheit, oder wie du es ausgedrückt hast: du schwingst in einer Frequenz, die Krankheit `einlädt`.

Noch einmal die Frage: Seele, inneres Wesen, reines Bewusstsein, göttliches Selbst, das alles beschreibt dasselbe, Hawk?

Ich wähle hier bewusst verschiedene Worte für deine wahre Wesensnatur, jedoch bleiben Worte an eine Form / Vorstellung gebunden, für etwas, das auf linearer Ebene nicht darzustellen ist. Beschreibe Liebe und es wird dir kaum gelingen, diese in Worte zu fassen, Regina.

Ja, du hast recht.

Gehe in die Stille, in deinen Körper, in das Eins-Sein und *Du bist*.

Was..., Hawk?

Spüre in dich hinein, Regina, nimm wahr! Lass deinen Verstand außen vor: Alle Bilder, alle Situationen und Umstände spielen sich im Vordergrund ab, du bist der große Raum dahinter, der alles in sich birgt. Du bist *in* diesem Raum und du *bist* dieser Raum. Ohne Interpretation, ohne Geschichte, ohne Identifikation kein Widerstand, kein Kampf, nur reine Freude am Sein. Dies nennen manche Menschen Erleuchtung: die `Durchlichtung` von *allem was ist*, die Auflösung der Illusion, der vorgegaukelten Trennung. Alles ist Eins, alles ist Licht, in diesem Licht, das du bist.

Da bekommt die Aussage: Mir geht ein Licht auf, eine ganz andere Bedeutung, Hawk!

Im Grunde bergen diese Redewendungen eine große Weisheit in sich, in diesem Fall: die Betrachtung einer Sache aus der Perspektive des lichtvollen Wesens, das du bist.

Schön, Hawk, doch nun weiter: Was passiert mit den Emotionen, die an vergangene Erlebnisse gebunden sind, in meinem Körper?

Diese emotionale Energie ist sozusagen dein körperliches Spiegelbild. Du kannst sie spüren, wahrnehmen, wo sie sich in deinem Energiefeld befindet. Wo in deinem Körper spürst du zum Beispiel Angst. Denke kurz an eine Situation, wo du Angst empfunden hast und gehe nun mit deiner Aufmerksamkeit in deinen Körper.

Ich empfinde Angst als eine Enge, als ein schmerzhaftes Zusammenziehen in meinem Oberbauch. Was mache ich nun damit?

Spüre nun in deine Seelennatur, fühle sie, sei ganz da und atme, Regina, damit du deinen Körper wieder aus der Anspannung befreien kannst.

Es hat eine Weile gedauert Hawk, bis ich ... ja was?

... ganz präsent war?

Ja, genau. Also bis ich meine Vorstellungen darüber, was Seele wohl ist, losgelassen habe.

...bis du deinen Verstand zur Ruhe gebracht hast, Regina.

Das Stimmt, Hawk - meinen Verstand zur Ruhe gebracht, das trifft es gut.

Nun, was hast du wahrgenommen, Regina?

Diese Seelenschwingung spüre ich bei mir als eine Weite in meinem gesamten Körper, als eine Art Ausdehnung. Ich würde das auch mit einer Art Leichtigkeit, pulsierende Kraft beschreiben.

Diese wahrgenommene Ausdehnung lässt dich deine Lebendigkeit, dein Licht, deine Gottes-Essenz in ersten Sequenzen erfahren. Diesen *Zustand deiner inneren Verbundenheit mit allem Was Ist* findest du nur in der vollkommenen Wirklichkeitspräsenz, außerhalb deines Denkens.

Gut, das habe ich verstanden! Ach, ich weiß schon, was du wieder sagen wolltest: Nicht über den Verstand! Also ja, das habe ich so wahrgenommen, tief in mir gespürt.

Nun, Regina du erinnerst dich zunehmend mehr, wer du von deinem wahren Wesen her bist. Doch nun zu deiner Frage. Emotionen tragen Energie in sich und das Wesen von Energie ist Schwingung, Information. In dem Kontext, in welchem du groß geworden bist, unterliegen Emotionen jedoch einer Wertung: Liebe, Zuneigung, Freude, Mitgefühl gelten als positive Emotion. Angst, Wut, Trauer, Verzweiflung, Hadern, Schuld- und Schamgefühle tragen eine negative Wertung in sich. Schon ein Kind wird diesbezüglich reguliert. Es erfährt, dass das Äußern bestimmter Emotionen etwas Unerwünschtes ist. Was lernt es daraus? Es ist besser diese Emotionen nicht zu zeigen. Verzweiflung, Angst, Trauer, Wut wird unterdrückt, ist etwas Schlechtes, Widerspruch wird `heruntergeschluckt`. Das Kind durchlebt die ersten Selbstzweifel bezüglich seiner göttlichen Wesensnatur - Vollkommenheit, Grenzenlosigkeit.

Wie sollte man, aus deiner Sicht, mit derartigen Emotionen eines Kindes umgehen?

Zunächst einmal: Ein Kind liebt seine Eltern in der frühen Kindheit immer bedingungslos. Kinder agieren in aller Unschuld und zeigen offen und ohne Vorbehalte ihre Gefühle, geben ihr Innenleben preis. Sie tun dies aus einem unendlichen Vertrauen in die Kraft der Liebe und sie erwarten diese Liebe auch im Außen, in jedem Fall von den Eltern.

Das stimmt, Hawk. Ich habe in meinem Beruf sehr oft auch mit misshandelten Kindern zu tun gehabt und selbst diese Kinder, obwohl einige davon zwischenzeitlich in Betreuungseinrichtungen untergebracht waren, wollten immer wieder zu ihren mitunter gewalttätigen Eltern zurück.

Kleine Kinder lieben ausnahmslos ihre Eltern mit unendlicher und vertrauensvoller Hingabe und Liebe, egal, wie sich ihre Eltern ihnen gegenüber verhalten.

Wie sollte denn nun im Idealfall mit den `schwierigen` Emotionen eines Kindes umgegangen werden?

Es ist von großer Bedeutung, das Kind spüren zu lassen: So, wie du bist, bist du in Ordnung und geliebt. Verwöhne das Kind in emotional aufgeladenen Situationen beispielsweise mit ein paar Streicheleinheiten, liebevollen Worten... so wird es ganz schnell auf diese Energie `aufspringen` und *gemeinsam* mit der Mutter (oder dem Vater) eine *Lösung* finden. Wichtig ist, dass in diesem Prozess die *Wertschätzung* der (kleinen) Seele mitschwingt, dass sich das Kind wirklich wahr- und angenommen fühlt!

Aber so hat das wahrscheinlich kaum ein Mensch meiner Generation erlebt.

Nun, was siehst du als Ursache dafür, Regina?

...die eigene erlebte Kindheit der Eltern, der eigene Schmerz?

...und dieser Schmerz wird zum Beispiel durch die gezeigte Abwehrreaktion, die Aggression, das wütende Aufbegehren eines Kindes erneut wachgerufen. Ein Schmerz, dessen Ursache in ungestillten Bedürfnissen, in nicht ausgelebten Emotionen in der Kindheit der Eltern zu finden ist.

Mein Gott, Hawk. Wie kommt man denn nun aus diesem Teufelskreis wieder heraus?

Gott und Teufel? Steht Gott hier für Deine Seele, der Teufel für die selbsterschaffene Hölle in diesem Fall von Krankheit, Selbstzweifel und Schmerz, Regina?

Oh, das könnte so sein. Aber bitte beantworte mir meine Frage!.

Dies gelingt zunächst durch *Erkenntnis* und die damit verbundene *Bewusstheit* seitens der Eltern und ich ergänze: auch aller anderen Erziehungsträger. Hier werden bereits viele neue Wege gegangen.

Das stimmt, ich sehe so viele liebevolle Eltern, die sich ihren Kindern Körpernah und mit großem Einfühlungsvermögen zuwenden.

Es hat bereits eine Bewusstheit bei vielen Menschen eingesetzt, die als Ausdruck der Seelen-Verbundenheit Raum einnimmt. Oder auch anders formuliert, die Menschen entdecken zunehmend ihr wahres Wesen, ihre liebevolle Kraft, ihr schöpferisches Potential.

Das klingt hoffnungsvoll, Hawk. Ich nehme so viele Menschen in meiner unmittelbaren Umgebung wahr, die ausgetretene Pfade verlassen und neue Wege voller Mut und trotz aller Widerstände gehen.

Diese Menschen hören den Ruf ihrer Seele, Regina. Auch du lässt dich von deiner Seelennatur berühren, suchst, fragst, streitest, lässt dich zu Fall bringen und stehst wieder auf, um weiterzugehen, um den `Himmel auf Erden` zu entdecken. Er ist nicht außerhalb zu finden, er liegt in dir und das weißt du.

Danke Hawk, du machst mir Mut. Aber nun doch noch einmal zum Thema Krankheit. Viele Menschen sind von den Auswirkungen ihrer schmerzvollen Vergangenheit geprägt.

Du sprichst von dem Schmerzfeld, was deinen Energiekörper prägt und sich über Symptome und Krankheit körperlich Ausdruck verschafft.

Ja, und ich möchte wissen, wie man dieses Schmerzfeld auflösen kann.

Dieses Schmerzfeld ist ein Teil von dir, eingeschlossene Energie, Energie die nicht fließen kann und zu deren Verdrängung wiederum Energie benötigt wird. Integriere diesen von dir verdrängten Teil und du bist ganz. Dies kann nur geschehen, wenn du jeden aufsteigenden Impuls von Leid und Schmerz bewusst wahrnimmst, ihm aber durch vollkommene Präsenz keinen Raum der verletzenden Aktivität mehr gibst.

Wie genau soll ich das tun, Hawk?

Sag dir in einem Augenblick des aufsteigenden Schmerzes: *Dies ist ein Ausdruck meines menschlichen Wesens!* Das ist die Angst und sie darf sein. Schau sie dir einfach an, fühle sie und dann schließe sie in dein Herz, als einen Ausdruck deiner selbst. Zumeist ist es die kleine Regina, die dieser Angst ausgeliefert war. Tue dies mit allen verdrängten Emotionen. Die bewusste Wahrnehmung deiner emotionalen Landschaft hilft dir, dich *vollkommen* zu akzeptieren und anzunehmen und dies bringt sehr schnell Heilung mit sich.

Das hört sich gar nicht so kompliziert an. Aber habe ich in diesen Situationen die Zeit dazu, mein Innenleben zu beobachten und zu heilen?

Je häufiger du das tust, desto *bewusster* wirst du im Umgang mit dir und Anderen sein und dieser Transformationsprozess wird sich sehr schnell und manchmal binnen weniger Sekunden vollziehen. *Du wechselst bewusst die Ebene*, gehst in eine Art Beobachter-Instanz aus der Perspektive deines göttlichen Wesens, wo Schmerz und Leid nicht existent sind. Somit entziehst du dem Schmerz die *Macht*. *In der Einheit*, in der Vollkommenheit kann dieser nicht existieren. Anders ausgedrückt: Du wechselst zur Liebe, als dominante Schwingung. In dieser Schwingung löst sich alle Disharmonie auf.

Mein Gott, Hawk, was für eine wunderbare Perspektive. Aber was ist denn nun mit den verschiedenen Behandlungsmöglichkeiten, die es bei Krankheiten gibt.

Nutze alles! Was dir ein inneres *Gefühl des Vertrauens* vermittelt. Orientiere dich daran, was ein gutes (hochschwingendes) Gefühl in dir auslöst. Darüber hinaus öffne dich für dein wahres Wesen, deine Seelennatur und triff aus dieser Bewusstheit heraus die Wahl, einer neuen Erfahrung: der Erfahrung von Gesundheit, Vitalität und Schönheit. Denke daran: Krankheit ist ein Ausdruck von Schmerz, *Gesundheit ein Ausdruck tiefempfundener Liebe zu Allem, was ist.*

Es ist gut, dass ich etwas tun kann.

Es gibt nichts zu tun, Regina.

Nichts?

Es geht um das Sein.

Es geht also darum, Bewusstheit zu erlangen aus der Klarheit des Augenblicks?

So ist es. Tritt heraus aus deiner Geschichte von Leid und Schmerz. Es ist eine Illusion, die Illusion, darin gefangen zu sein. Jedoch ist es nur eine Geschichte die du zu Aspekten deines Lebens erzählst, gekoppelt an die (Schmerz-)Muster der Vergangenheit. Im Hier und Jetzt muss diese Geschichte in sich zusammen fallen, denn durch deine Bewusstheit verliert sie ihren Einfluss. Im vollkommenen Gewahrsein leuchtet das Licht deiner Seele und in diesem Licht wird jede Illusion als solche erkannt.

Ich nehme die Vollkommenheit der Schöpfung wahr.

..der Schöpfung dessen Schöpfer du bist.

Danke, Hawk.

Warum werden Kinder schon mit Erkrankungen geboren?

Hawk, wir müssen reden!

Reden wir.

Ich habe da noch eine letzte Frage zum Thema Krankheit.

Was möchtest du wissen, Regina?

Warum werden Kinder schon mit Erkrankungen geboren?

Diese inkarnierten Seelen wissen um ihr Schöpfungspotenzial, welches es ihnen ermöglicht aus jedweder (Ausgangs-) Situation eine neue Wahl zu treffen bezüglich ihres körperlichen Ausdrucks, bezüglich ihrer Lebenssituation.

Erkläre mir das genauer, Hawk.

Nun, wie ich schon sagte: Weil du dir bewusst bist, wie einfach du Vollkommenheit (und eben auch Gesundheit) manifestieren kannst, weil du um dein volles Schöpfungspotential weißt, wählst du eine solch `schwierige` Ausgangssituation. Du bist schon immer vollkommen, ewig, unzerstörbar und dieses Wissen darüber ist in dir fest verankert. Voller Freude stürzt du dich deshalb in das Abenteuer einer solchen menschlichen Erfahrung.

Es gibt inzwischen Reinkarnationstherapeuten. Diese heilen Schmerz und Prägungen vergangener Leben. Warum wählen Seelen *mit* dem Gepäck ihres `alten` Schmerzfeldes ein neues Menschenleben, Hawk?

Nun, den Aspekt, dein göttliches Wesen über genau diese Ausgangs- und Lebenssituation zu erfahren, habe ich schon erwähnt.

Es kann jedoch auch eine solche Wahl getroffen werden, aus einer Perspektive heraus, etwas wieder gut machen zu wollen, besser oder anders zu leben. Diese Inkarnation kann dann als Krankheit oder auch Behinderung seinen körperlichen Ausdruck finden, ebenso als eine schwierige Lebenssituation.

...z. B. in Armut oder unter widrigsten Bedingungen geboren zu werden.

So ist es. Ohne Wertung ist dies jedoch auch nur als eine vollkommene Erfahrung der Seele zu sehen.

Bei schwierigen Lebenssituationen sind dann mehrere Seelen beteiligt?

So ist es. All diese Seelen haben die *Wahl* getroffen, menschliches Leben in genau diesem Kontext zu erfahren.

Daher gibt es den Begriff Seelenfamilie?

Seelenfamilien inkarnieren um an bestimmten Themen zu `arbeiten`, auch um ausgewählte Lebenssituationen zu `erforschen`. Es ist eine Wahl, die getroffen wird. Selbstverständlich kann auch die Ausrichtung ein ruhiges, einfaches und erfülltes Leben sein.

Also spielt die Wahl vor der Inkarnation eine Schlüsselrolle und damit eben auch der Tod, des zuletzt gelebten Lebens.

Leben und Sterben, Regina, existieren nur aus der menschlichen Perspektive heraus getrennt voneinander. Leben findet immer statt.

Viele Menschen berichten in ihren Letzten Stunden vor ihrem Tod, dass sie einen tiefen Frieden, ja manche von ihnen auch eine glückseligmachende Freude empfunden haben. Geschieht dies aus dem Grund, weil sie all ihren Schmerz, diese ganze Geschichte, die sie darüber erzählt haben, nun vollkommen aufgegeben haben?

Der Prozess des Sterbens, wird dieser ganz *bewusst* vollzogen, birgt eine große Chance der Transformation in sich. Alles, was über den Verstand eine Rolle zu spielen schien, wird nun als Illusion erkannt. Diese Menschen erblicken ihr wahres Wesen, die Vollkommenheit: das Göttliche, das sie sind.

...und da ist nur noch Liebe und Frieden.

...reines Sein, allumfassende tiefempfundene Leidenschaft der Seele, das Ich Bin. Es offenbart sich ihnen ihr göttliches Licht, wo die Essenz von Dunkelheit und Schatten nur als eine gewählte Seelenerfahrung existent ist. Sie lassen auf diese Weise zu, dass sich der eingeschlossene Schmerz transformieren kann.

Ach, Hawk. Wenige Menschen setzen sich wirklich mit dem Tod auseinander.

Es werden zunehmend mehr, Regina. Wie ich schon sagte, ist der Tod eine Illusion, geboren aus der eingeschränkten Wahrnehmung des Verstandes.

Aus der Sicht des Falken scheint alles einfach und klar.

Im Moment des Jetzt, Regina, erfährst du tiefe Wahrheit deiner Göttlichkeit, dein ewiges Wesen. Klarheit und friedvolle Ruhe nehmen Raum in dir ein.

Ich weiß, Hawk. Doch eine Frage, die mich noch immer bewegt, ist: Warum wählte meine

Tochter ein Leben mit einer solch schweren Behinderung, ohne die Möglichkeit der bewussten Einflussnahme auf ihr Leben?

Sie wählte dieses Leben als Ausdruck ihrer Göttlichkeit. Sie macht eine menschliche Erfahrung. Es war ihre Wahl aus genau dieser Perspektive Menschsein zu erfahren.

Aber aus dieser Perspektive kann sie gar keine neue Wahl bezüglich ihres Lebens treffen, wie du gesagt hast. Sie ist dazu überhaupt nicht in der Lage, Hawk!

Bist du dir da so sicher?

Also ich glaube, da ist immer noch ein Schmerz in mir und Widerstand.

Beobachte ihn, spüre hinein und du wirst dir des eigentlichen tieferen Schmerzes darunter gewahr. *Das ist, was du bist.* Wende dich diesem Schmerz liebevoll zu. Es ist deine Energie, die sich nun befreien kann. Bleibe ganz präsent, nimm bewusst wahr und du wirst Heilung und Ganzwerdung erfahren.

Danke, Hawk. Wirklich, ich bin zutiefst berührt.

Vergiss nicht, dass ich als ein Ausdruck deiner Seele zu dir spreche. Du und ich sind nicht voneinander getrennt.

Ich vergesse so leicht, Hawk. Zusammengefasst ist die Wahl einer schwierigen Lebenssituation also einfach eine Möglichkeit, menschliches Leben zu erfahren. Mitunter gibt es aber auch Unerledigtes, dessen Anhaftung dadurch ausagiert werden kann. Auch scheint es diesbezüglich eine Katalysatorfunktion zu geben.

Es sollte zudem in Betracht gezogen werden, Regina, dass deine Seele weder Leid noch Schmerz kennt, sondern - bildlich gesprochen - einfach in der Erfahrung badet, diese verinnerlicht.

... einfach eine Erfahrung in der Raum-Zeit-Realität, das Vergessen der eigenen Göttlichkeit mit eingebunden.

So ist es..

Immer noch alte Muster

Hawk warum kann ich nicht gleich mit Gott sprechen?

Du kannst.

Aber es gibt Gott nicht!

So?

Es ist immer nur die Rede vom Universum, von der Schöpferquelle, von Allem, was Ist, vom Leben, vom Un-Manifesten, vom reinen Sein...

Alles Worte, die ein Bild vermitteln aus deiner individuellen Vorstellung heraus. Auch Gott ist ein Wort für den großen Raum, der alles birgt und dessen Ausdruck du bist, Regina.

Es fühlt sich nicht gut an, Hawk. Es irritiert mich.

Es sprengt deine Vorstellung über Gott, deine Glaubenssätze, dein Selbstkonzept, all das, was du glaubtest zu sein.

Ich weiß, aber dieses Nach-Hause-Kommen, dieses In-Gott-Sein, das fehlt mir.

`Der Himmel ist hier, der Himmel ist jetzt!`, hast du in deinem Sprüche-Büchlein stehen. Im Hier und Jetzt findest du alles, was du suchst und nicht einmal das. Du bist da, ohne Suche, ohne Fragen, ohne `wenn und aber`. Oder anders ausgedrückt: Gott ist in dir und Du in Gott.

Ich weiß.

Regina, verweile nicht in deinem Verstand, dort findest du keinen Frieden. Sei vollkommen präsent dort, wo du gerade bist. Schau dir die Welt mit dem unschuldigen Blick eines Kindes an, frei von Erwartungen und festgefahrenen Vorstellungen. Hör auf eine Geschichte zu erzählen, nimm einfach wahr und das Mysterium des Lebens offenbart sich dir.

Und dann stellt sich diese Heiterkeit ein, die solche Menschen wie der Dalai Lama ausstrahlen?

Sie stellt sich nicht ein, *sie ist*! Sie ist, was du bist. Heiterkeit füllt den Raum und ist gleichzeitig dieser Raum. Heiterkeit bringt die natürliche Schwingung der Freude, die du bist, zum Ausdruck. Der Dalai Lama ist ein gutes Beispiel dafür. Er verkörpert die vollkommene Präsenz in der Gegenwart. Er verkörpert einen Menschen der *überwiegend* mit der Schwingungsfrequenz seines wahren Wesens, seiner Gott-Natur verbunden ist.

Ich falle immer noch oft in meine alten Gedanken- und Verhaltensmuster zurück.

Kritisiere dich nicht dafür, Regina. Gehe liebevoll mit dir um. Schon die Bewusstheit deiner Gedanken und des daraus resultierenden Verhaltens bringt dich deiner wahren Wesensnatur näher. Dein Ego wird noch rebellieren, denn es verliert seine Identität. Sei dir dessen einfach bewusst, beobachte. Schau wohin dich deine Gedanken führen, spüre deine Emotionen und triff eine Wahl.

...die Wahl, aus der vollkommenen Präsenz in der Gegenwart heraus, tiefen Frieden, vollkommene Liebe, Freiheit und Lebendigkeit zu erfahren?

Dies ist eine wunderbare Wahl, Regina! Lebe sie, gehe in die Erfahrung des Jetzt. Dein *Leben ist Schöpfung*, *du bist der Schöpfer* in jedem Augenblick ob nun bewusst oder unbewusst.

Wie wunderbar einfach, Hawk!

So ist es, Regina.

Hawk, noch eine letzte Frage: Warum wählen wir dieses menschliche Auf und Ab, diese Höhen und Tiefen... - warum das alles?

...um dich als Schöpfer zu erfahren, um die Schöpfung um den Aspekt deines individuellen Seins zu erweitern, um immer wieder neue Aspekte deiner Schöpfung zu erleben, um von jedem beliebigen Ausgangspunkt deines Lebens wieder neu zu wählen, zu erschaffen, zu kreieren. Einfach ausgedrückt: Um Schöpfung als Prozess des sich stetig erneuernden, sich selbst erschaffenden Lebens in der Welt der Dualität und Linearität zu erfahren.

Also pure Freude am Leben, an der Schöpfung?

So konnte man es auch sagen: pure Freude, Glückseligkeit, staunen, spielen.

Deshalb wählen wir mehrere menschliche Leben?

...um dich in immer neuen Aspekten als *wer du bist*, zu erfahren. Und wer, Regina bist du, von deiner wahren Wesensnatur her?

... Schöpfer und Schöpfung in einem, Liebe, Leidenschaft und Grenzenlosigkeit. Ich bin alles, was ich suche: Gott in mir und ich in Gott.

So ist es. Mit jeder Inkarnation auf diesem Planeten wählst du, Leben im Rahmen der Dualität zu erfahren: Licht erfährt sich nur in Bezug zur Dunkelheit, Freude in Bezug zu Leid, Grenzenlosigkeit in Bezug zur Begrenzung... usw. .

All diese Höhen und Tiefen zu durchleben ohne in der Identifikation, ohne in der Geschichte zu bleiben, macht also dann ... ja was, Hawk?

...den Himmel auf Erden aus?

Will ich das?

Du hast die Wahl, Regina!

Na so was, da sind wir ja wieder am Anfang!

Das Leben hat keinen Anfang und kein Ende.

Das Leben als ewiger Schöpfungsprozess, warum?

Zur Erweiterung dessen, was Schöpfung ist?

Warum fragst du, Hawk?

Warum fragst du, Regina?

Ach, Hawk. Danke, es ist wunderbar mit dir zu reden.

Ganz meinerseits liebe Regina.

Hawk? Es wäre schön, wenn sich alle Menschen an diese einfache Wahrheit erinnern könnten, an ihre wahre göttliche Wesensnatur.

Kümmere dich nicht um die Wahrheit anderer Menschen, Regina. Breite deine Flügel aus und erhebe dich wie ein Falke. *Du bist das Licht, du bist die Liebe, du bist der Weg, den du suchst.* Lebe diese Wahrheit. Mehr ist nicht zu tun. Und nicht einmal das.

Mein Gott, Hawk - wie wunderbar.

Gott, das ist gut.

Lachst du über mich?

Sollte ich nicht?

Tust du´s?

Du und ich sind eins, Regina. Hast du das vergessen?

Hm, ...

Versuche diese Dinge nicht mit dem Verstand zu erfassen. Gib dich hin, öffne dich, vertraue dir, deiner *inneren Führung*.

Wohin geht der Weg, wohin führt es mich, Hawk?

Es führt dich zu deinem alles erhellenden Licht, Regina. Du suchst Kontakt mit deiner Seele auf diese, *deine ganz individuelle Weise*, Kontakt mit deinem Hohen Selbst, deiner göttlichen Führung, deiner inneren Weisheit - wie immer du es bezeichnen magst. Vertraue einfach, gehe bewusst und mit Achtsamkeit durch dein Leben. Achte auf deine Intuition, das ist der Ruf deiner Seele. Sie hört dich, sie ist immer da.

Solltest du jedoch die Wahl treffen, unbewusst zu bleiben, um weiterhin die Erfahrung von Leid und Schmerz zu durchleben, ist auch das vollkommen in Ordnung.

Ach, Hawk.

Erfreue dich an dem, was du Leben nennst. Nimm wahr, welche Kraft dir inne wohnt. Halte nach Wundern Ausschau, es sind deine Schöpfungen! Feiere das Leben, Regina und es wird dich feiern.

Aus deiner Perspektive sieht alles wundervoll aus.

Die Wirklichkeit, das Hier und Jetzt ist immer schön, einzigartig und voller Wunder.

Bewusstes Sein im jedem einzelnen Moment, das ist der Schlüssel zum Glück, nicht wahr?

Geh` aus dem Weg, tritt zur Seite und lasse zu... spüre hinein in das Abenteuer des Lebens. Darüber hinaus gibt es nichts zu tun, wirklich nicht!

Danke, Hawk. Schön, dass du da bist!

Schön, *dass du da bist*, Regina.

Hawk, warum in dieser Form?

...als Falke? Nun, breite deine Flügel aus, Regina. Wachse über dich hinaus und flieg.